Jean Ruch
Marina Al Rubaee

Les proches aidants pour les nuls

FIRST
ÉDITIONS

Éditions First, un département d'Édi8
92, avenue de France
75013 Paris – France Tél. : 01 44 16 09 00 Fax : 01 44 16 09 01
Courriel : firstinfo@editionsfirst.fr
Site Internet : www.pourlesnuls.fr

ISBN : 978-2-412-06964-6
Dépôt légal : octobre 2021

Imprimé en France par Jouve-Print

Édition : Delphine Depras
Lecture : Marie Minuit
Correction : Agnès Mauxion Poujol
Couverture : Soft Office
Mise en page :Stéphane Angot
Illustrations : Stéphane Martinez
Avec la collaboration de Caroline Facy (associée La Voie des Hommes)

Le Comité national Coordination Action Handicap (CCAH)

Association reconnue d'utilité publique, le Comité national Coordination Action Handicap (CCAH) réunit tous les groupes de protection sociale, des acteurs mutualistes, des entreprises et des associations nationales du handicap. Il rassemble leurs énergies, leurs connaissances et leurs ressources au profit de la construction d'une société bienveillante pour que chaque personne en situation de handicap trouve enfin la place qui lui revient.

Ses membres

Des groupes de protection sociale : AGRICA – AG2R LA MONDIALE – APICIL – AUDIENS – B2V – IRCEM – IRP AUTO – KLESIA – LOURMEL – MALAKOFF HUMANIS – PRO BTP

Des mutuelles : CNG-MG MUTUELLE DE LA GENDARMERIE – LA MUTUELLE GÉNÉRALE – MASFIP – MCDEF – MGEN – MIP – MNH – MUTUELLE DU PERSONNEL DU GROUPE SOCIÉTÉ GÉNÉRALE – INTÉGRANCE – MUTUELLE RENAULT

Des entreprises, comités d'entreprise, caisses d'action sociale et autres organismes : AFEH DE LA POSTE ET DE FRANCE TELECOM – APAS BTP – ASSOCIATION DES ANCIENS ÉLÈVES ET DIPLÔMÉS DE L'ÉCOLE POLYTECHNIQUE – BNP PARIBAS – CAES DU CNRS – CRÉDIT COOPÉRATIF – OCIRP – SNCF

Des associations nationales : ANAE – ANCREAI – APF France Handicap – AUTISME FRANCE – CESAP – CNAPE – CROIX-ROUGE FRANCAISE – FAF – SANTÉ MENTALE FRANCE – FÉDÉRATION APAJH – LADAPT – ORDRE DE MALTE France – UNAFAM – UNAFTC – Unapei – UNAPH – UNIOPSS

Ses missions

Avec une expérience de cinquante ans dans le repérage, l'accompagnement et le suivi de projets dans le secteur du handicap, le Comité national Coordination Action Handicap et ses membres se positionnent comme un véritable observatoire des pratiques nationales du handicap. Qu'il s'agisse de l'habitat, de l'emploi, de la santé, de l'accès à l'école, aux loisirs ou à la citoyenneté, le CCAH accompagne l'évolution des modes de vie des personnes handicapées. Par son action, il affirme son rôle d'accélérateur du changement et encourage l'innovation sociale. Le CCAH s'appuie sur son expertise du secteur et l'accompagnement de plus de 3 000 projets handicap pour être, avec ses membres et partenaires, un lieu national d'échanges, de partage et de capitalisation.

Le thème des aidants et le CCAH

Parmi ses missions de conseil et de formation, le CCAH propose des programmes consacrés à la thématique des aidants. Certaines offres de formation comme Les aidants, cette population invisible mais essentielle, s'adresse à tous les publics, alors que d'autres modules sont plus particulièrement destinés aux entreprises qui veulent sensibiliser leurs managers et leurs collaborateurs à la thématique des aidants. En prenant en compte leur contexte social et économique, le pôle Conseil du CCAH accompagne les entreprises qui souhaitent élaborer et mettre en place une politique sociale adaptée aux besoins des salariés aidants.

Consultez le catalogue de formation : www.ccah.fr ou écrivez à formation@ccah.fr

À propos des auteurs

Jean Ruch, coauteur de ce livre, a été proche aidant de sa femme durant vingt-cinq ans. Père de deux garçons et soutenu par ses amis et sa famille, il a traversé une année 2020 chaotique : le premier confinement lié à l'épidémie de Covid marque pour lui le début du reste de sa vie. Entrepreneur social, il est investi dans différents mouvements et associations militant autour du handicap. Sa connaissance du système et l'envie de proposer de nouvelles alternatives aux personnes handicapées et âgées l'ont conduit à s'intéresser à l'habitat inclusif. Il a fondé il y a presque dix ans le groupe associatif Familles solidaires, sur l'intuition qu'un changement de modèle était nécessaire. Aujourd'hui codirigeant d'un acteur phare de l'économie sociale et solidaire, il conjugue ses compétences au service de cette vision : permettre aux personnes en situation de vulnérabilité de vivre avec et comme les autres, tout en offrant un réel choix à leurs proches aidants. Sans s'oublier. En pleine conscience.

Marina Al Rubaee, quant à elle, a été dans la position d'aidante sans le savoir en accompagnant ses parents atteints de surdité. Elle connaît la langue des signes et leur sert d'interprète dans leur vie quotidienne en se relayant avec son frère et sa sœur afin d'assurer le lien, mais surtout la communication avec l'extérieur : médecins, administrations... Ils jonglent avec les besoins de leurs parents et leurs propres obligations. Jamais Marina ne s'est posé la question de la « normalité » de la situation qu'elle vivait et vit encore. Pour elle, être leur « interface » est devenu une habitude, quelque chose de naturel. Dans le cadre de son métier, journaliste, elle s'est intéressée – par affinité – au monde du handicap. Au fil du temps et des rencontres, elle s'est rendu compte que d'autres personnes vivaient la même situation qu'elle : être dans une position de soutien et d'accompagnement, avec tout ce que cela implique comme responsabilités et lourdeur. Elle a surtout pris conscience qu'elle appartenait à une population silencieuse dont la société a besoin, mais qu'elle ne soutient pas. En 2020, elle a cofondé avec Sigrid Jaud l'agence de conseil en ressources humaines (RH) Les Aidantes & Co qui accompagne les entreprises soucieuses d'aider leurs salariés aidants à mieux concilier leurs vies professionnelle et personnelle. Il s'agit également de reconnaître les compétences qu'ils déploient au quotidien auprès de leurs proches et d'y voir un facteur clé de transformation managériale au profit de tous. La finalité est que, grâce à ces salariés aidants, elles deviennent des entreprises à mission, c'est-à-dire exemplaires : plus inclusives, plus solidaires et plus performantes.

Remerciements des auteurs

Jean Ruch

À mes enfants pour leur amour inconditionnel, à ma famille.

Aux amis de toujours, qui par leur présence rendent la vie plus douce, et sont toujours là dans les moments de joie, comme dans les nuits sans sommeil.

Marina Al Rubaee

À mes parents, à mon frère et ma sœur, à toute ma famille, à mes amis et à Anthony Fric, mon amour.

Et à Jean Ruch sans qui tout cela ne serait pas possible.

Marina Al Rubaee et Jean Ruch

À Karine et à toute l'équipe pour leur confiance.

Aux groupes de protection sociale qui ont contribué à l'émergence de ce livre.

Sommaire

Partie 2 Prendre sa place d'aidant... ou pas

Partie 3 Être aidant au quotidien

Introduction

En démarrant la lecture de cet ouvrage, vous vous direz peut-être : « Encore un livre sur les “Il faut qu'on fasse ceci ou cela” écrit par des savants. » Mais si vous avez vous-même la responsabilité d'un proche, vous viendrez peut-être y chercher des solutions concrètes à votre propre détresse d'aidant, ou à celle d'un membre de votre famille, ami, collègue ou voisin.

Quand on n'a jamais fait face à la vulnérabilité d'un proche en situation de dépendance liée au handicap, à la vieillesse, à la maladie, on imagine souvent que cette détresse peut facilement s'apaiser, grâce à des aides financières, des structures, des auxiliaires de vie ou des guides en ligne. Que dans notre pays civilisé, riche, les aidants de personnes vulnérables trouvent facilement des relais.

La réalité est parfois bien différente, souvent complexe, invisible et insoutenable. Elle dépend en premier lieu de la capacité de chacun d'entre nous à surmonter l'inacceptable, mais aussi des ressources humaines et financières mobilisables : du handicap ou de la maladie à la perte d'autonomie progressive, nous réagissons tous différemment. Et quoi qu'en disent la Constitution française sur la notion d'égalité, ou les films traitant de la maladie ou du handicap, la vie change profondément lorsque la vulnérabilité pointe le bout de son nez.

Si nous avons réussi dans notre démarche, la lecture de ce livre vous accompagnera dans ce long chemin et vous permettra peut-être de gagner du temps par la découverte d'autres visions et d'autres expériences, pour vous centrer sur l'essentiel : vous-même. Car vous êtes comme nous, toujours en chemin et en questionnement sur cette position « inconfortable » et pourtant essentielle.

Nous espérons aussi vous livrer une vision réaliste, teintée d'optimisme, d'humour et d'espérance. Car après tout, c'est bien cela, la vie, non ?

À propos de ce livre

Le livre *Les Proches Aidants pour les nuls* a pour ambition de vous remettre vous, aidants, à votre juste place et au centre de la relation aidant-aidé. La question sous-jacente est celle-ci : et vous, dans tout cela ? Cet ouvrage n'offre pas de mode d'emploi mais propose davantage des pistes de réflexion, présente des initiatives concrètes et des aides existantes…

Nos objectifs ? Vous permettre de :

» changer de regard sur votre situation ;

» prendre de la hauteur en vous posant de bonnes questions ;

» vous appuyer sur des témoignages ;

» vous informer et vous inspirer de bonnes initiatives ;

» avoir envie de sortir de votre enfermement ;

» oser demander de l'aide ;

» partager avec d'autres votre vécu ;

» vous entourer de personnes soutenantes et compréhensives ;

» vous autoriser à faire une pause ;

» trouver une écoute ;

» trouver aussi les moyens de faire autrement ;

» déculpabiliser ;

» prendre soin de vous…

Car rien ne vous oblige à vous sacrifier. Chacun fait ce qu'il peut avec les moyens qu'il a. Mais votre aide et votre implication nécessitent une prise de conscience de votre part : de quelle manière souhaitez-vous aider et jusqu'où ?

Vous avez le droit de revenir sur vos décisions, de les réajuster, de sortir de vos habitudes, de déléguer, de demander de l'aide, de faire comprendre, car ce qui compte au centre de tout cela, c'est d'abord et avant tout la relation affective que vous avez instaurée avec votre proche... et que vous avez peut-être oubliée sous cette tonne d'obligations. Le plus difficile n'est pas de vous transformer en femme ou homme à tout faire : soins, ménage, gestion des papiers administratifs... Le plus dur est de vous souvenir de garder votre place, celle de « fils de », d'« époux de », de « voisin de », d'« ami de »... L'essentiel !

Picorez les informations, annotez cet ouvrage, réfléchissez à ce qui vous fait du bien et sonne juste pour vous. Rouspétez aussi si vous le souhaitez (c'est bon pour la santé !). Appliquez les idées qui vous correspondent. Ce livre est le vôtre !

Les conventions utilisées dans ce livre

Pour faciliter la lecture, nous avons adopté quelques conventions simples.

Nous essayons systématiquement de vous proposer des coordonnées téléphoniques, adresses e-mail ou sites Internet pour vous faciliter l'entrée en contact avec les acteurs de l'aide aux aidants. Cependant, ceux-ci sont susceptibles d'évoluer : nous vous remercions pour votre compréhension le cas échéant.

Enfin, certains témoins ont souhaité garder l'anonymat : nous avons bien sûr respecté leur choix.

Comment ce livre est organisé

Nous avons organisé le présent ouvrage en cinq grandes parties afin de vous permettre d'accéder à ce que vous souhaitez au plus vite. Les thématiques abordées ont été organisées pour que vous puissiez vous y retrouver, lire les parties qui vous intéressent.

Première partie : Panorama des proches aidants en France

Pour bien comprendre les enjeux des aidants, il faut prendre conscience de l'ampleur du phénomène, en découvrant combien et qui ils sont, ce qu'en dit la loi et comment les experts en la matière analysent leur situation. Qui accompagnent-ils au quotidien ? Quels types d'aides apportent-ils ? Dans cette partie, notre intention est de dépeindre le plus objectivement possible la réalité des aidants en France.

Deuxième partie : Prendre sa place d'aidant… ou pas

Cette partie a pour but de vous aider à analyser, comprendre ce qui vous arrive lorsque votre proche entre brutalement ou progressivement dans la dépendance et quel type d'aidant vous avez envie d'être. Dans les chapitres 4 et 5, il s'agit de savoir sur quels professionnels vous appuyer, de prendre conscience des pièges à éviter et de mieux connaître les acteurs institutionnels pour frapper aux bonnes portes afin d'obtenir les aides adéquates. Le chapitre 6 vous aide à « débroussailler » ce qui se passe en vous en tant qu'aidant.

Troisième partie : Être aidant au quotidien

Être aidant implique le chamboulement de sa vie, la mise en place de nouvelles priorités, un autre mode d'organisation du quotidien : c'est ce que nous vous proposons de voir au chapitre 7. Le chapitre 8 vous conduit sur des pistes à explorer pour concilier au mieux votre vie d'aidant et votre vie professionnelle. Le chapitre 9 abordera la question de votre vie sociale, en vous prodiguant quelques conseils en vue de la préserver au mieux. Enfin, s'accorder du temps, du répit, prendre du repos pour souffler, se ressourcer, trouver des relais : c'est ce que nous vous suggérons au chapitre 10.

Quatrième partie : Tenir la distance

Pour tenir dans la durée, il faut mettre en place des stratégies propres à chacun. Nous verrons cela dans le chapitre 11. L'avenir se prépare un minimum. Nous tracerons dans les chapitres 12 et 13 quelques pistes qui, demain, nous l'espérons, conduiront les aidants à vivre mieux leur situation et leur relation avec leurs proches.

Cinquième partie : La partie des dix

Un grand classique de la collection « Pour les Nuls » : vous découvrirez dans cette partie plus légère, plus enlevée ou plus réfléchie les attitudes à adopter pour ne pas s'oublier, les chansons qui soutiennent, les conseils destinés à l'entourage de l'aidant.

Les icônes utilisées dans ce livre

Des icônes situées dans la marge sont destinées à faciliter votre navigation au cœur de cet ouvrage. Elles vous permettent de repérer facilement certains types d'informations.

Le saviez-vous ? Cette icône vous permet de découvrir des initiatives et des aides concrètes et récentes pour les aidants. Elle vous indique des trucs et astuces du quotidien.

Et la loi ? Nous vous proposons des références à la loi, pour que vous puissiez plus facilement accéder à vos droits.

Parole d'expert Nous avons interviewé des experts sur la question des aidants. Ils vous livrent leur analyse de la situation, ainsi que des conseils.

Point de vigilance Cette icône met en avant des conseils d'aidant à aidant et des points importants peu connus auxquels il vous faudra prêter attention.

Témoignage

Des aidants prennent la parole pour témoigner de leur situation et éclairer vos propres questionnements.

Et maintenant, par où commencer ?

Les livres de la collection « Pour les Nuls » ont cette particularité d'être écrits pour que chaque partie et chaque chapitre puissent être lus indépendamment. Vous pouvez consulter l'ouvrage de manière linéaire ou picorer çà et là les informations qui vous intéressent au regard de votre situation, selon vos envies et vos besoins. Si vous recherchez des informations sur une notion ou un thème en particulier, vous pouvez également vous référer à l'index en fin d'ouvrage. Gardez ce livre à portée de main, vous pouvez l'utiliser comme un pense-bête, pour vous retrouver, faire le point, réfléchir à d'autres pistes et d'autres moyens de faire face à votre situation.

Laissez-vous guider, pénétrer par un mot, une phrase, une accroche, faites et refaites si nécessaire des allers-retours, relisez, oubliez, rappelez-vous. Le but de ce livre est de vous simplifier la vie, de savourer l'essentiel avec votre proche dans des situations souvent complexes et émotionnellement difficiles à gérer. Prenez soin de vous et vous pourrez mieux prendre soin de l'autre. Faites-vous confiance et tracez votre chemin !

Que cette lecture vous soit instructive, enrichissante et qu'elle puisse vous permettre de profiter de chaque instant auprès de la ou des personne(s) que vous accompagnez !

Partie 1

Panorama des proches aidants en France

Dans cette partie...

Votre proche est (ou est devenu) dépendant du fait de son handicap, de son âge et/ou de sa maladie. Vous vous démenez pour l'aider. D'ailleurs, la question de l'aider ou pas ne s'est même pas posée. Vous considérez votre implication comme quelque chose de tout à fait normal, logique, voire de primordial. Comment ne pas le faire ? C'est un élan qui vient du cœur, qui est de l'ordre de l'affectif. Quelle que soit la nature de l'aide que vous apportez, savez-vous que vous appartenez à la catégorie des proches aidants ? « Et alors ? Ça change quoi, pour moi, ma vie, mon quotidien ? » « Y a-t-il encore besoin de ranger les gens dans des cases ? », nous demanderiez-vous. Et vous auriez sans doute raison !
Les situations sont plurielles. Chaque parcours de vie est différent. En même temps, le terme générique d'« aidant » regroupe des millions de personnes qui vivent chacun ce soutien à leur manière, dans leur coin, sans rien demander à personne. Des millions ! Une « communauté » silencieuse que l'on oublie, dont la société a besoin mais qu'elle ne soutient pas. Nommer, désigner, c'est aussi rendre visible pour faire voir et comprendre, vous montrer que vous n'êtes pas seul à vivre cet isolement, cette solitude et à devoir tout gérer, tout assumer. Dans quels cas devient-on aidant ? Que dit la loi ? Et les experts ? Et qui sont tous ces aidants ? Où trouve-t-on ces « acteurs » de l'invisible ? Il y a des chiffres qui parlent d'une réalité qui vous concerne et que nous avons décortiquée. Alors plongez dans ce miroir, pour découvrir cette réalité qui est aussi la vôtre. La nôtre !

DANS CE CHAPITRE

Qui sont les aidants ?

•

Les handicaps et la perte d'autonomie liée à l'âge ou à la maladie

•

Une société qui change face à la vulnérabilité

•

Tentative de définition du proche aidant : ce qu'en disent la loi et les experts

•

La dépendance : une réalité plurielle

Chapitre 1

C'est quoi, « être aidant » ?

La France compte près de 11 millions de proches aidants. Mais de quoi s'agit-il, exactement ? Comme son nom l'indique, un proche aidant est une personne qui vient en aide de manière non professionnelle (bénévole) à un proche dépendant (homme, femme, enfant) de son entourage, quelle que soit la cause du besoin de l'aidé. L'aidant peut être un conjoint, un parent, un oncle, une cousine, comme il peut être une voisine ou un ami.

Dans ce cas très spécifique, on parle de « proche aidant », expression que l'on retrouve dans la loi relative à l'adaptation de la société au vieillissement du 28 décembre 2015.

« Proche aidant » : une notion floue

L'aidant s'occupe du proche en difficulté, le soutient, l'accompagne, l'assiste, répond à ses besoins dans les activités de la vie quotidienne (repas, toilette, sorties, courses...). Ses interventions recouvrent de nombreux domaines, du soin à l'aide aux démarches administratives, en passant par l'aide à l'autonomie et l'aide à la formulation du projet de vie de l'aidé. Il assume ce rôle soit seul, soit en complément du travail d'un ou plusieurs professionnels (auxiliaire de vie, aide à domicile, aide-soignante, infirmière, travailleur social...).

Point de vigilance

L'aidant assure ainsi des tâches et des responsabilités qui l'accaparent et peuvent devenir chronophages à force de se répéter ou bien être déstabilisantes par leur caractère imprévisible. Il lui faut de la ressource et de la souplesse. Le proche aidant se démène chaque jour dans un drôle de jeu d'équilibriste et essaie de tout prévoir. Il fait en sorte qu'il n'y ait pas le moindre grain de sable qui puisse faire dérailler la machine du quotidien. Mais avec le temps, cette situation l'alourdit, l'use... Au point de s'oublier jusqu'à atteindre l'épuisement, autant physique que psychique, mettant en jeu sa santé. C'est là que réside le cœur de la problématique de l'aidant – et ce à quoi nous allons nous attacher tout au long de cet ouvrage : prendre conscience de sa propre vulnérabilité et de ses propres besoins pour tenir dans la durée son rôle d'aidant sans y laisser trop de plumes !

Des aidants qui s'ignorent

Les proches aidants sont la plupart du temps silencieux. Ils ne se plaignent pas, ils ne font jamais part de leurs difficultés, car ils considèrent souvent cette situation comme « normale », un « don de soi », quelque chose d'instinctif qu'ils font sans se poser de questions. Ils investissent sans compter et sont souvent livrés à eux-mêmes. Dès lors, beaucoup ne souhaitent pas « encombrer » leur entourage avec leurs problèmes, parce qu'ils ne savent pas eux-mêmes comment et où demander de l'aide. Et puis il y a ce sentiment de solitude, avec l'impression que personne ne pourra vraiment les comprendre...

Beaucoup deviennent aidants sans s'en apercevoir, ils glissent doucement et insidieusement dans cette situation, surtout lorsque celle-ci s'installe progressivement dans le temps.

Cette notion de « proche aidant » a fait son apparition il y a une trentaine d'années, souvent liée aux personnes âgées, bien que le soutien d'aidants aux personnes handicapées existe depuis bien longtemps. Aujourd'hui, les situations où un proche peut avoir besoin d'aide se multiplient : pathologies telles que la maladie de Parkinson, insuffisance rénale, cancer, épilepsie, anorexie... et tout handicap nécessitant la présence d'un proche.

UNE DÉFINITION JURIDIQUE DE L'AIDANT ?

La loi du 11 février 2005 « pour l'égalité des droits et des chances des personnes handicapées » donne aux proches aidants une définition juridique et, indirectement, une reconnaissance de leur existence. Ainsi, le droit français distingue plusieurs statuts d'aidants et leur accorde, par exemple, le droit d'être indemnisés (sous certaines conditions) quand ils réduisent leur temps de travail ou lorsqu'ils y renoncent pour s'occuper d'un proche. Tout comme ils ont le droit d'être salariés par leur proche, dans les situations de grand handicap.

La loi ASV (adaptation de la société au vieillissement) développe des mesures pour permettre aux aidants de souffler et de se donner du temps comme le droit au répit.

L'aidant n'a pas de statut juridique à proprement parler. Cependant, il existe des éléments tels que ceux présentés ci-après qui permettent de le caractériser juridiquement. Ainsi, dans l'article R.245-7 du Code de l'action sociale et des familles : « Est considéré comme un aidant familial, pour l'application de l'article L.245-12, le conjoint, le concubin, la personne avec laquelle le bénéficiaire a conclu un pacte civil de solidarité, l'ascendant, le descendant ou le collatéral jusqu'au quatrième degré du bénéficiaire, ou l'ascendant, le descendant ou le collatéral jusqu'au quatrième degré de l'autre membre du couple qui apporte l'aide humaine définie en application des dispositions de l'article L.245-3 du présent code et qui n'est pas salarié pour cette aide. »

»

»

UNE DÉFINITION JURIDIQUE DE L'AIDANT ? *(suite)*

L'article L.1111-6-1 du Code de la santé publique évoque plutôt le terme d'« aidant naturel » : « Une personne durablement empêchée, du fait de limitations fonctionnelles des membres supérieurs en lien avec un handicap physique, d'accomplir elle-même des gestes liés à des soins prescrits par un médecin, peut désigner, pour favoriser son autonomie, un aidant naturel ou de son choix pour les réaliser. »

Être aidant n'est pas naturel

« L'aidant naturel » et « l'aidant familial » sont les expressions les plus communément utilisées pour désigner ceux qui se consacrent au quotidien à leur proche. En même temps, il est difficile et limitant d'instaurer une définition générique de l'aidant tant les situations vécues sont uniques et complexes. Faire entrer les aidants dans une case serait nier leur réalité et leurs besoins. À chacune de ces réalités devrait correspondre une réponse personnalisée. L'expression « aidants naturels » véhicule l'idée d'un caractère obligatoire de cette relation aidant-aidé. Or, il n'est pas forcément naturel que la famille prenne la responsabilité de l'accompagnement de son proche, en niant toute l'histoire, le vécu et l'aspiration de toutes les personnes impliquées dans ce dilemme. De multiples raisons peuvent amener les membres d'une famille à accepter ou non leur rôle d'aidant. Les familles n'ont pas toujours les ressources, les compétences, ou même l'envie d'aider.

Certains peuvent se sentir incapables de s'engager dans une aide à long terme, notamment lorsque la situation s'étire dans le temps et qu'elle met à mal la vie sociale de l'aidant. Ainsi, il peut arriver qu'une personne se trouve obligée de devenir aidant après la défection des autres membres de la famille et par manque de moyens. Il n'y a rien de systématique, d'obligatoire, dans l'accompagnement d'un proche. On pourrait penser que cette solidarité est logique, alors que non ! Chacun devrait être libre de décider ou non de devenir un aidant.

Les tendances sociétales laissent bien souvent penser que cette « solidarité », imposée par le regard de l'autre, est logique. Notre regard en tant qu'auteurs sur cette question est loin de ces clichés comme de ces obligations : vous êtes libre de vos engagements et décisions, et la société ne peut pas et ne doit pas imposer ce rôle aux aidants au titre de la solidarité familiale.

Cependant, quelle que soit la situation dans laquelle se trouvent ces familles, elles ont engrangé des connaissances et des ressources en aidant leurs proches. Une richesse et une expertise à ne pas occulter, mais certainement aussi une compétence et une diversité précieuses en entreprise, tant la capacité d'adaptation des aidants fait de nombre d'entre eux des spécialistes de l'imprévu, rompus à l'adaptation et à la résilience.

L'aidant : un trait d'union

L'enfant ou l'adulte « dépendant », du fait des conséquences concrètes de son handicap, a besoin de « compenser » parfois par une aide technique (une canne, un déambulateur), un aménagement de son logement, une aide animalière (un chien d'accompagnement et d'éveil ou un chien guide) et bien souvent une aide humaine (prodiguée par exemple par un professionnel comme l'auxiliaire de vie sociale et/ou par le proche aidant). On comprend dès lors que l'aidant va être ce trait d'union entre les différents systèmes qui coexistent : de l'hôpital à la Maison départementale des personnes handicapées (MDPH), en passant par le Conseil départemental et les professions médicales et paramédicales libérales. À force de s'impliquer et de se « dépatouiller » avec mille et une contraintes (vie quotidienne, lien avec les administrations, les professionnels du secteur médico-social...), les aidants ont développé un savoir-faire et un savoir-être, une expertise unique acquise par l'expérience, « un métier » qui n'est enseigné nulle part.

De nombreuses difficultés, liées aux incapacités de la personne aidée, mais également à ses conditions de vie et à celles de sa famille (manque d'aides techniques, humaines, isolement, promiscuité...), sont à prendre en considération. Les aidants doivent se débrouiller comme ils le peuvent. Parfois, les « aidés » sont difficiles à accompagner, embourbés dans leurs propres contradictions, la façon dont ils vivent leur situation, leur caractère et leur histoire.

Point de vigilance

Ainsi, la relation aidant-aidé peut se gâter : l'aidant peut décider de prendre des décisions à la place de l'aidé sans le lui avoir demandé, estimant ce qui est bon et juste pour lui, et l'aidé, refuser cette aide. Ce qui ne peut qu'envenimer la situation.

Parole d'expert

Selon le sociologue Serge Guérin, les proches aidants représentent pour la France une économie de 164 milliards d'euros[1] chaque année pour les pouvoirs publics. Ils constituent une « main-d'œuvre » invisible et bénévole. Sans les proches aidants, le système d'accompagnement de la dépendance s'écroulerait, surtout si on ne devait avoir recours qu'à des « salariés » professionnels. Il est important d'accompagner et de soutenir les aidants, car nombre d'entre eux se trouvent en difficulté (manque d'aides techniques et/ou humaines, précarité et isolement).

Handicap et perte d'autonomie

L'autonomie est la capacité d'une personne à assurer les actes essentiels de la vie quotidienne comme préparer ses repas, s'habiller ou se laver. C'est la perte d'autonomie de l'aidé qui entraîne le besoin de la présence d'une tierce personne pour l'assister. Plus son niveau d'autonomie diminue, plus le besoin d'aide augmente. Tout dépend des troubles qui peuvent affecter les capacités physiques (se déplacer), intellectuelles (raisonner), cognitives

1. « Être salarié et aidant d'un proche en situation de handicap » *Les Cahiers du CCAH, n°* 7, document téléchargeable sur www.ccah.fr.

(apprendre, se souvenir) ou décisionnelles (capacité à engager des démarches) de la personne. La perte d'autonomie conduit donc à la dépendance vis-à-vis d'autrui. Elle peut frapper tout le monde à n'importe quel âge et plus encore à partir d'un certain âge. Nous pouvons l'observer chez les personnes âgées, mais également dans des pathologies comme la maladie d'Alzheimer.

Le handicap, c'est quoi ?

Nous avons une préférence pour la définition du handicap proposée par l'Organisation mondiale de la santé en 2001, au travers de sa Classification internationale du fonctionnement, du handicap et de la santé (CIF). Cette définition a été retranscrite dans la loi de février 2005 :

Et la loi ?

« Constitue un handicap, au sens de la présente loi, toute limitation d'activité ou restriction de participation à la vie en société subie dans son environnement par une personne en raison d'une altération substantielle, durable ou définitive d'une ou plusieurs fonctions physiques, sensorielles, mentales, cognitives ou psychiques, d'un polyhandicap ou d'un trouble de santé invalidant. »

Au-delà de la question de l'origine du handicap, la loi affirme que l'environnement est également un facteur limitant par les restrictions des activités et les conditions d'action réduites qu'il entraîne. Tout dépend de l'angle sous lequel chacun de nous le regarde. Rien de mieux pour comprendre que des exemples.

» **Exemple 1 :** une personne en fauteuil roulant souhaite accéder aux commerces de son quartier, mais les trottoirs ne sont pas aménagés (largeur ne lui permettant pas de circuler ou absence de plan incliné, par exemple). Elle ne peut donc pas bénéficier des mêmes services qu'un citoyen « ordinaire ». Sa limitation est donc liée à l'inadaptation de son environnement. Cette limitation disparaît si la voie publique et les magasins sont aménagés. Sans cela, elle reste dépendante d'autrui pour ses déplacements.

» **Exemple 2 :** une personne a une déficience intellectuelle. Elle a du mal à effectuer des démarches administratives complexes. Mais elle doit se rendre auprès d'une administration qui n'a pas adapté sa procédure d'accueil et/ou ses documents administratifs : il lui est impossible de faire valoir ses droits. Elle est donc dépendante de ses proches qui l'aident dans cette démarche.

Une réalité plurielle

Chaque situation et manière d'appréhender le handicap est unique et dépend de l'histoire et de la relation entretenue entre l'aidant et l'aidé. Voici quelques exemples concrets pour mieux comprendre.

Situation n° 1 : le handicap physique

Qu'il s'agisse de paralysie des jambes (paraplégie) ou de la moitié du corps, comme après un accident vasculaire cérébral (hémiplégie), le handicap physique peut nous toucher lors d'accidents de la vie ou dès la naissance avec les maladies génétiques, par exemple.

Hélène est maman de Guillaume, 20 ans, atteint de myopathie. Celui-ci ayant subi une trachéotomie, Hélène a appris à l'hôpital le fonctionnement de l'assistance respiratoire, l'aspiration trachéale, la manière de positionner son fils la nuit, les soins infirmiers. Elle est devenue une vraie pro à tel point qu'elle exerce à présent le métier d'aide-soignante. Elle doit se battre pour organiser leur vie quotidienne, monter des dossiers auprès de l'administration, trouver le bon mode de transport, dénicher l'auxiliaire de vie qui permettra à Guillaume de suivre les cours au lycée... Un combat au quotidien.

Situation n° 2 : le handicap cognitif

Nos capacités cognitives reposent sur notre cerveau : qu'il s'agisse de la mémoire, de la capacité d'apprentissage ou de raisonnement, notre tête contrôle la quasi-totalité de nos actes quotidiens. Les causes du handicap cognitif sont multiples : accidents de la vie avec lésions cérébrales, troubles du développement chez l'enfant, maladies psychiques (schizophrénie, par exemple), épilepsies… Les manifestations du handicap altèrent les actes de la vie quotidienne : apprentissage à tous les âges de la vie, communication avec l'autre, raisonnement, organisation du quotidien…

Fabrice, 35 ans, a été victime d'un accident de scooter : deux mois de coma, de nombreuses opérations pour sauver son cerveau et pour réparer ses fractures. S'en sont suivis neuf mois de rééducation pendant lesquels Fabrice a réappris à marcher, parler, rire, à avoir des relations sociales. Depuis la sortie du coma, Fabrice conserve des séquelles physiques de son traumatisme crânien, mais ce qui est visible n'est pas toujours le plus handicapant. Fabrice a une mémoire immédiate qui fonctionne mal : son quotidien est une angoisse permanente d'avoir oublié quelque chose. Ses difficultés mnésiques freinent sa capacité d'apprentissage et sa capacité à planifier des actes complexes : il devient dépendant de ses proches dans la gestion de son agenda, pour effectuer des formalités administratives et pour toute planification élaborée. On imagine dès lors l'impact de ce handicap sur sa vie professionnelle, amicale ou amoureuse, et sur son entourage.

Situation n° 3 : le handicap mental

Le handicap mental qualifie à la fois une déficience intellectuelle (autisme, polyhandicap, trisomie 21, X fragile, syndrome de Prader-Willi, syndrome de Smith-Magenis…) et les conséquences qu'elle entraîne au quotidien comme des difficultés liées à la réflexion, à la conceptualisation, à la communication, à la prise de décision… Ces difficultés sont souvent compensées par un accompagnement humain.

Marie a deux filles dont Rebecca, atteinte de la trisomie 21. La jeune fille est suivie en milieu médico-éducatif (IME) qu'elle a pu intégrer car Marie a monté tout un dossier auprès de la MDPH. Un vrai casse-tête administratif pour faire valoir ses droits, qu'elle doit régulièrement justifier. Elle passe son temps à trouver des solutions pour permettre à sa fille de devenir la plus autonome possible. Mais elle doit l'accompagner pour toutes les démarches administratives que Rebecca ne peut accomplir seule. Elle sert en permanence d'intermédiaire.

Situation n° 4 : le handicap sensoriel

L'homme dispose de cinq sens : la vue, l'ouïe, le goût, l'odorat et le toucher. Lorsqu'un seul de ces sens est touché, on parle de handicap sensoriel.

Sonia, 14 ans, a des parents atteints de surdité et un frère, Alexandre, entendant. Elle communique avec eux en utilisant la langue des signes. Ses parents font souvent appel à leurs enfants pour leur servir d'interprètes afin de communiquer avec l'extérieur : administration, banque, médecin, garagiste... Une sollicitation constante.

Situation n° 5 : la maladie chronique

La maladie chronique est une ALD, affection de longue durée (plusieurs années ou toute une vie) qui évolue progressivement (problèmes cardiaques, diabète, affections respiratoires, cancer, sclérose en plaques, dépression...), affectant la vie de la personne et la handicapant au quotidien.

Jean, 51 ans, s'occupe de sa femme Chantal, 44 ans, depuis qu'on lui a détecté une tumeur cérébrale il y a six mois. Il emmène sa femme à l'hôpital pour chaque examen et pour les séances de radiothérapie. Afin de lui assurer une présence continue ainsi que pour le quotidien, il a choisi d'arrêter de travailler. Il lui faut tout anticiper, organiser chaque sortie, penser aux solutions qui pourraient faciliter et soulager sa femme... Son stress, sa fatigue, il ne les partage avec personne. Pour lui, il verra plus tard.

Situation n° 6 : le handicap psychique

Ce handicap est lié à des troubles psychiques qui se manifestent par un dysfonctionnement de la personnalité mais n'altère pas les facultés intellectuelles (il est donc à distinguer du handicap mental). Il limite la participation de la personne à la vie sociale.

Les capacités relationnelles, d'autonomie et d'adaptation sont perturbées, comme celles de la concentration et de l'attention. La personne peut alterner des moments de grand calme avec des périodes plus agitées et tendues qui peuvent virer à la dépression, à l'obsession, à la psychose, à la compulsion et à l'addiction. Les troubles peuvent être passagers ou s'installer durablement.

Catherine et Jean ont un fils : Joaquim, 15 ans, schizophrène. Tous les deux travaillent et doivent le laisser seul à la maison. Aucune structure spécialisée ne souhaite l'accueillir. Ils sont stressés car ils ne savent pas dans quel état ils vont retrouver leur fils à leur retour. Catherine a choisi de travailler à mi-temps pour pouvoir s'occuper de Joachim, l'accompagner à l'hôpital pour ses rendez-vous ou lui rendre visite lorsqu'il est hospitalisé, tout en s'occupant de ses deux autres enfants plus jeunes.

Situation n° 7 : les troubles du spectre autistique

Trouble neurodéveloppemental qui dure toute la vie, le trouble du spectre autistique (TSA) touche des personnes de tous milieux, impactant leur famille, leurs amis et leurs soignants.

Le TSA se caractérise par des symptômes d'intensité faible à élevée, s'accompagnant d'un comportement répétitif et de difficultés liées à l'interaction sociale, à la communication et à l'apprentissage (dans les situations habituelles).

Il se développe différemment d'une personne à l'autre. Les difficultés sont souvent compensées par un accompagnement humain et il peut y être remédié en partie par des approches neurodéveloppementales.

Exemple : Isabelle a trois enfants dont Tom, qui est autiste. Après plusieurs années d'errance pour obtenir un diagnostic, elle a obtenu une notification pour une place en Sessad (service d'enseignement et de soins à domicile) spécialisé auprès de la MDPH. Problème, le service n'a que cinquante places et compte déjà soixante-dix enfants sur liste d'attente. Pour tenir jusqu'à son admission, Tom a obtenu des aides financières complémentaires.

Isabelle devra trouver et coordonner les professionnels libéraux qui seront en mesure de proposer à son fils les remédiations et actions éducatives nécessaires à son développement.

Situation n° 8 : la perte d'autonomie

La perte d'autonomie se définit par l'incapacité pour une personne à décider et à assurer par elle-même certains actes de la vie courante comme se lever, s'habiller, se nourrir, se déplacer… Elle peut être liée à un handicap ou à une maladie invalidante, mais elle est plus généralement rattachée au processus naturel de vieillissement qui, dans certains cas, peut entraîner une altération aussi bien physique que psychique.

Sophie, 29 ans, s'occupe de sa grand-mère Georgette, 88 ans, qui vit dans sa maison mais ne peut plus se déplacer. Elle vient la voir avant et après son travail. Elle s'occupe de la coordination des aidants professionnels qui interviennent dans la journée : aides à domicile, kinésithérapeute, infirmiers… Elle prend contact avec l'organisme de soins à domicile, rencontre les nouveaux professionnels, fait un point sur la prise des médicaments, s'assure que le portage du repas à domicile est bien programmé, remplit les documents administratifs, fait les courses au supermarché, assure le lien avec le pharmacien… Un vrai marathon, chaque jour.

Parole d'expert

Selon Thierry Calvat, sociologue, la notion de proche aidant existe de longue date, souvent au sein de la famille. Depuis le début des années 2000, la reconnaissance de ces aidants est liée aux évolutions sociétales et aux exodes ruraux, qui ont amené la création de grands centres urbains. Avec tous les effets délétères que peuvent générer les grandes villes en termes d'anonymat et d'éclatement géographique des familles. Ce nouveau paradigme a propulsé la notion d'aidants familiaux, et plus généralement celle de proches aidants, sur le devant de la scène.

Le geste d'aider ses proches existe depuis la nuit des temps, mais des évolutions sont à prévoir, avec plusieurs enjeux forts pour les années à venir. Notre société vieillit et particulièrement une population indispensable au soutien des proches aidants : celle des soignants. Il y aura demain plus de besoins de soins, mais moins de professionnels pour les assumer, avec de nombreux départs en retraite.

ÊTRE PARENT D'UN ENFANT EN SITUATION DE HANDICAP

Élisabeth a une fille de 18 ans, Emmanuelle, handicapée par une infirmité motrice cérébrale. Emmanuelle présente donc un handicap physique associé à un retard mental. Élisabeth et son mari ont remarqué dès la naissance que quelque chose n'allait pas. On leur a laissé entendre que leur fille ne pourrait ni parler ni marcher. Élisabeth et son conjoint se sont beaucoup investis pour rendre leur fille le plus autonome possible. Ils se sont battus sur tous les fronts pour faire entendre ses besoins. Ils ont toujours laissé le choix à Emmanuelle et pris le temps de discuter avec elle, de lui expliquer, de lui montrer plusieurs options possibles, sous forme d'images comme de pictogrammes.

Pour Élisabeth et son mari, il y a aussi ces tâches qu'il faut répéter chaque jour comme la toilette, les repas… Tous ces gestes de la vie quotidienne qui épuisent, lassent, surtout quand les progrès sont lents et qu'ils dépendent de cette répétition. Élisabeth raconte : « Il faut être patient et tenir. Assurer ce quotidien est usant. D'autant plus que je fais beaucoup de choses. Parfois, je ne peux pas attendre, alors je fais à sa place. J'aimerais avoir plus de temps pour moi. Ce n'est que récemment qu'elle arrive à se lever seule sans me réveiller dès 6 heures du matin. Maintenant, je peux dormir jusqu'à 9 heures le week-end… Un luxe ! »

La façon d'accompagner les personnes évolue également beaucoup, avec le développement des soins ambulatoires au détriment des hospitalisations complètes plus fréquentes dans le passé, dont la durée permettait de mieux organiser le retour chez soi. Le domicile devient de plus en plus un lieu de soins et de rétablissement.

Enfin, les dépenses de santé augmentent fortement, et continueront à progresser du fait du vieillissement démographique : cette situation imposera probablement une tension croissante sur les proches aidants, « obligés » de compenser la dilution des moyens par une forme de solidarité informelle et très souvent familiale. Le constat est sans appel : les dépenses relatives à la prise en charge des personnes dépendantes représentent 30 milliards d'euros en 2021, mais d'ici vingt à trente ans, le nombre de personnes aidées aura doublé, avec une hausse mathématique difficilement absorbable par notre système de santé en l'état actuel de son financement.

À la différence d'autres pays, notre système de santé est extrêmement protecteur et professionnalisé. En conséquence, les aidants sont très peu représentés, les professionnels étant souvent décideurs.

Thierry Calvat recommande à celles et à ceux qui le peuvent de se constituer un pécule assurantiel ou patrimonial pour pouvoir mieux faire face aux coûts de la dépendance. Et pour que demain, les proches aidants aient une voix au chapitre, leur investissement dans des mouvements militants permettra de jouer le rôle de contre-pouvoir dans le débat public. Il croit également beaucoup à la compétence professionnelle que peuvent développer les aidants : « Ils ont vécu avant les autres ce à quoi on est tous appelés. »

Le saviez-vous ?

Dans le cadre de « Village de Fraisse-Terre d'Avenir », l'Institut de recherches pratiques sur l'autisme (Irpa) a développé, à proximité de Carcassonne, un complexe de recherches, un lieu de stimulation autour d'activités psychopédagogiques sensorielles et motrices pour les enfants et les jeunes de 6 à 25 ans souffrant de TSA et d'autres troubles du neurodéveloppement, ainsi qu'un lieu d'accompagnement pour les aidants familiaux.

Il s'agit d'aider ces jeunes à faire évoluer leur fonctionnement grâce à un milieu adapté et ouvert à tous pour faciliter leur inclusion dans la société, par le biais d'un ensemble d'activités cohérent : médiation par le cheval, ateliers Montessori, musique et sons, cuisine, jardin thérapeutique et sensoriel, etc. La coopération avec le vivant est un axe indispensable important pour créer du lien entre ces jeunes et la réalité.

Les aidants familiaux, essentiels dans l'évolution des personnes souffrant de TSA, sont totalement intégrés à cette démarche. L'Irpa a donc développé un protocole innovant de « répit actif » adapté aux difficultés rencontrées par les parents, fratries, grands-parents, dans leur rôle d'aidants familiaux. Les activités ont pour objectif de les aider à rompre avec l'isolement et les difficultés du quotidien, à retrouver confiance en leurs compétences de parents et d'aidants et à rééquilibrer la balance parentale et familiale. L'accueil de toute la famille, durant des séjours hebdomadaires, favorise un renforcement du lien familial.

Contact : contact@irpa.fr
Site Internet : https://www.irpa.fr
Tél. : 04 68 76 33 65

DANS CE CHAPITRE

Cerner le profil du proche aidant

•

Comprendre les principales préoccupations de l'aidant

Chapitre 2
Le portrait-robot de l'aidant

Les proches aidants sont une « communauté » invisible qui se fond dans la société. Ils sont les soutenants, indispensables... mais silencieux. Mais qui sont-ils ? Où les trouvons-nous ?

Nous avons réalisé notre enquête et rassemblé quelques études et chiffres. Voici nos conclusions.

Qui sont les aidants ?

Il est bien difficile de décrire le profil type de l'aidant, tant les situations diffèrent en fonction de l'âge et de la difficulté rencontrée par le proche aidé. Ce que nous rappelle le « Baromètre des aidants » de la Fondation April (l'ensemble des statistiques du chapitre 2 sont extraites de l'étude BVA/Fondation April de 2020), c'est l'ampleur de cette situation encore ignorée hier :

« Près de 1 Français sur 5 est aidant, soit 11 millions d'aidants qui se relaient auprès d'un proche malade, âgé ou en situation de handicap. »

Le saviez-vous ?

Face à l'évolution de notre pyramide des âges et au doublement du nombre de personnes âgées de plus de 65 ans d'ici à 2050, l'enjeu de l'accompagnement des aidants est devant nous et il y a urgence ! Il concernera probablement les jeunes générations de façon encore plus forte.

Avec ce livre, nous voulons sortir un peu plus les aidants de l'ombre pour leur donner une place centrale et permettre la reconnaissance de leur engagement. Si vous, lecteur, vous êtes aidant, quelle que soit la raison qui vous a amené à ce statut, n'oubliez pas : vous reconnaître comme aidant est la première étape d'une vie plus douce.

Être reconnu par son entourage et la société en général ne pourra que faire évoluer le regard de tous sur les besoins, les attentes et sur tout le chemin restant à parcourir pour créer aux aidants une place juste et équilibrée, dans tous les domaines de la vie. La question des aidants est de plus en plus évoquée dans les médias : plus de 48 % des personnes sondées ont entendu parler de la thématique des aidants (contre 28 % en 2015). Il est donc urgent de continuer à en parler autour de nous.

Une majorité de femmes

Comme très souvent dans l'histoire, la femme assure en première intention cette aide avec 58 % d'aidantes[2]. Peu de chiffres existent cependant sur les aidantes en général et particulièrement sur l'impact professionnel que peut avoir le statut d'aidante sur la carrière et le niveau de rémunération.

La majorité des femmes aidantes ont entre 35 et 64 ans. Piliers de la famille, elles doivent tout gérer de front, ce qui les mène

2. Selon le « Baromètre des aidants », une étude publiée par l'institut de sondage BVA pour la Fondation April en juillet 2020.

parfois au surmenage et, dans certains cas, au sacrifice de leur vie professionnelle et de leur vie sociale. Cela entraîne une précarité économique, une privation du droit à la retraite, un éloignement du monde du travail et un isolement social, menant souvent à la séparation ou au divorce. Leur vie quotidienne est souvent difficile, avec des effets délétères sur leur santé car elles diffèrent trop souvent les soins dont elles auraient besoin. Avec des conséquences encore plus lourdes pour celles qui ont de faibles moyens. Car le prix de la perte d'autonomie est un réel surcoût que l'on ne peut pas toujours assumer, si l'on n'a pas recours à des professionnels extérieurs pour en être soi-même déchargé. Les femmes assument seules l'ensemble des responsabilités. Elles ont une expérience et une expertise face aux situations traversées qui doivent être valorisées pour permettre à celles qui le souhaitent d'accéder à nouveau à une vie professionnelle.

La place centrale de la femme peut s'expliquer de différentes manières :

» Qu'on le dénonce ou qu'on s'en accommode, force est de constater que les femmes se voient réserver une place encore privilégiée dans la gestion de la sphère familiale et éducative dans notre société, si bien qu'elles prennent souvent assez naturellement le relais dans toutes les autres situations où un soutien est requis.

» Concernant les aidants de conjoints avançant en âge, l'entrée en dépendance des hommes est plus précoce, contraignant très souvent la conjointe à assumer ce rôle d'aidante.

» Enfin, l'inégalité hommes-femmes dans les rémunérations, l'accès à des emplois moins qualifiés et les temps partiels subis viennent probablement peser dans la balance : lorsque vous devez faire face à la survenue de la dépendance ou du handicap d'un proche, l'équation du choix de l'aidant dans le couple est bien souvent économique : lequel des deux gagne le plus ?

Info Proche aidant·e

Le saviez-vous ?

58 % des proches aidants sont des femmes. La question des proches aidants est traversée par les rapports sociaux de genre. Les femmes restent les premières pourvoyeuses d'aide en termes de contribution horaire. Cela s'explique par une répartition inégale et sexuée des tâches domestiques et familiales. S'interroger sur la question de l'accompagnement des proches aidants nécessite d'aller au-delà des chiffres (encore très peu genrés), de prendre en compte les freins que peuvent rencontrer les proches aidants ainsi que les incidences sur leur vie professionnelle, affective, familiale. C'est un enjeu de société, un enjeu d'égalité entre les femmes et les hommes, et un enjeu de santé publique.

Dans leur rôle de proche aidante, les femmes rencontrent de véritables difficultés, notamment en termes d'accès à l'emploi ou de maintien dans l'emploi, de conciliation des temps de vie et d'information sur leurs droits. Le rôle de proche aidant a davantage d'implications négatives pour les femmes, notamment sur le sentiment de culpabilité. La loi reconnaît le rôle des aidants en leur octroyant des droits spécifiques. Toutefois, il existe un manque d'information juridique. Il est primordial de les informer pour qu'elles aient accès à ces nouveaux droits (congé de proche aidant, droit au répit, etc.).

À travers le projet Info Proche Aidant·e lancé en 2017, la fédération des Centres d'information sur les droits des femmes et des familles (CIDFF) accompagne les proches aidants dans le champ de l'information juridique et sociale, la conciliation des temps de vie et l'emploi, à travers des entretiens individuels et des séances d'information collective. « [Les proches] aidantes sont aujourd'hui dans une "génération pivot". [...] Elles doivent s'occuper à la fois de leurs parents et de leurs propres enfants, voire petits-enfants. Cela crée des situations familiales parfois complexes et tendues. [...] On est au début du sujet. Dès aujourd'hui, il faut trouver des aides adéquates. On [le CIDFF] les prépare par exemple aux entretiens d'embauche et aux questions qu'un employeur pourrait leur poser sur leur organisation familiale ou leur salaire », témoigne Josiane Peter, directrice jusqu'en 2020 du CIDFF du Bas-Rhin (67).

Les CIDFF mettent en place des permanences d'accès au droit, confidentielles et gratuites, pour informer les proches aidants et leur permettre de sortir de leur isolement. La pluridisciplinarité des professionnels des CIDFF permet de lever les différents freins et de prendre en compte les situations individuelles des proches aidants, en particulier des femmes.

Contact : ipa@fncidff.fr

Site Internet : https://fncidff.info

Une aide quotidienne assurée à tous les âges de la vie

Grâce à l'implication des aidantes et des aidants, 85 % des proches aidés peuvent rester à domicile. Et, pour 11 % d'entre eux, ce domicile est celui du proche aidant.

Pour les aidants de personnes âgées notamment, cette aide démarre bien souvent par des services réguliers, pour faire les courses, les repas ou le ménage, combinés à un soutien moral. Puis, quand la dépendance s'accentue, les actes d'aide quotidienne vont aller de la coordination des intervenants à domicile jusqu'au soutien financier. Pour permettre cette vie à domicile, les aidants soutiennent leurs proches dans des actes élémentaires comme la toilette, l'alimentation, l'habillage.

Si l'image de l'aidant a bien souvent été associée aux enfants qui s'occupent de leurs parents vieillissants, 26 % des aidants ont pourtant moins de 35 ans.

Les aidants sont très souvent salariés et actifs (58 % d'entre eux).

Autre prise de conscience des dernières années, l'existence des jeunes aidants, révélée dans *Le Cahier du Comité national Coordination Action Handicap*[3] de juin 2019, où l'on prend conscience de l'ampleur du phénomène : « La France compterait au moins

3. « Les jeunes aidants aujourd'hui en France », Les cahiers du CCAH, n°9, juin 2019, à télécharger sur www.ccah.fr.

500 000 enfants, adolescents et jeunes adultes de moins de 25 ans qui aident un proche parent malade, en situation de handicap ou de dépendance. » Il devient urgent de prendre en compte ces situations de solidarité en se posant la question de l'aide apportée à ces jeunes aidants dans cet accompagnement permanent.

Quelles sont les motivations des aidants ?

Le fait d'accompagner un proche apparaît très souvent comme une évidence. Cependant, les notions de « devoir » et d'« obligation » sont les aspects qui poussent les aidants à s'engager. Le sentiment d'obligation morale compte pour 92 % dans leur choix et l'obligation familiale pour 84 %[4].

Cet engagement pousse pour la majorité à des phases de découragement (85 %). Dans ces temps de découragement, les aidants ressentent de la fatigue (81 %), du stress (77 %), un sentiment de solitude (72 %) ou de déprime (69 %). En moyenne, plus du tiers des sondés sont aidants depuis au moins quatre ans.

Le temps consacré par les aidants à la personne aidée

8 % des aidants consacrent entre vingt et plus de quarante heures par semaine[5], ce qui est souvent le cas des aidés qui vivent chez l'aidant.

40 % des aidants consacrent entre cinq et vingt heures par semaine.

Ils sont enfin 40 % à apporter une aide ponctuelle en fonction des besoins, soit moins de cinq heures par semaine.

4. Étude auprès d'aidants « Accompagner un proche en perte d'autonomie suite à une maladie : motivations, vécu, aspirations », Espace national de réflexion éthique sur les maladies neurodégénératives région Île-de-France, 2015.

5. Selon le « Baromètre des aidants », une étude publiée par l'institut de sondage BVA pour la Fondation April en juillet 2020.

Ceux qui apportent une assistance au quotidien évoquent l'existence d'incidences sur leur vie personnelle : 20 % des sondés estiment que cette situation a des effets négatifs sur leur moral ; 21 % d'entre eux observent que cela affecte leur sommeil et 36 % leur santé.

Quelles sont les aides apportées ?

Les aidants apportent surtout un soutien moral à la personne aidée (66 %)[6]. Ils s'impliquent dans les tâches liées aux courses, au ménage et aux repas, surtout si l'aidé est au domicile. 60 % des aides sont à rattacher aux actes élémentaires de la vie quotidienne : se laver, s'habiller, se nourrir, prise de médicaments, soins.

Les déplacements pour accompagner l'aidé d'un endroit à l'autre (soins, rendez-vous...) contraignent également fortement les aidants.

Il y a les visites ou la surveillance à distance grâce aux appels téléphoniques (53 %) ; 42 % des aides sont liées aux formalités administratives et à la gestion des comptes bancaires.

La coordination des intervenants extérieurs (aides à domicile, professionnels de la santé...) compte pour 39 % dans l'implication des aidants. L'aide financière vient loin derrière (19 %).

6. Selon le « Baromètre des aidants », une étude publiée par l'institut de sondage BVA pour la Fondation April en juillet 2020.

Partie 2

Prendre sa place d'aidant… ou pas

Dans cette partie...

Quand vous accompagnez un proche, il est difficile de ne pas vous perdre entre la satisfaction de ses besoins, l'anticipation, l'organisation du quotidien... jusqu'à vous oublier dans ce tourbillon. Au bout du bout, vous ne savez plus qui vous êtes dans cette relation. Le soignant ? Le conjoint ? La femme de ménage ? L'enfant ? Vous ne savez pas quelle est vraiment votre identité, avec la sensation d'avoir perdu quelque chose d'essentiel dans cette relation d'accompagnement. Vous êtes-vous posé et interrogé sur la nature de l'aide que vous souhaitez vraiment apporter ?

Dans cette partie, nous vous proposons de prendre de la hauteur et de comprendre ce qui vous arrive quand la dépendance de votre proche survient brutalement ou progressivement dans votre vie. Quel type d'aidant voulez-vous être ? Que voulez-vous changer, réajuster ? La relation avec votre proche bouge, elle n'est pas figée. Elle est à chaque fois à réinterroger.

Être aidant est une aventure silencieuse et un dialogue que vous vivez à l'intérieur de vous au jour le jour. Être aidant, c'est cerner ses propres contradictions. Nous insistons sur cet aspect qui est loin d'être négligeable dans la vie d'un aidant lorsqu'il doit vivre ses mouvements intérieurs au quotidien.

Notre but ? Vous permettre de vous poser les bonnes questions, de prendre la décision qui vous semble la plus juste, et surtout vous faire déculpabiliser !

DANS CE CHAPITRE

Comprendre ce qui vous arrive et faire face à la dépendance

•

S'interroger sur l'aidant que vous souhaitez devenir

Chapitre 3
Comprendre ce qui arrive

Être aidant, ça se vit comment ? À quoi faut-il être attentif ? Être aidant, c'est donner du temps et de la disponibilité à votre proche. C'est vivre au jour le jour sans vous interroger sur ce qui vous arrive et sur la manière de le vivre. Dans ce chapitre, nous souhaitons mettre des mots sur ce que vous ressentez peut-être, vous aider à reconnaître cette culpabilité qui vous tenaille et enfin vous encourager à trouver une juste réponse à votre situation : quel type d'aidant souhaitez-vous incarner ?

Qui êtes-vous ?

Êtes-vous conjoint ? Enfant ? Frère ou sœur ? Ou aidant ? Après des années d'accompagnement, il devient difficile de définir exactement votre rôle d'aidant et la nature exacte de la relation avec la personne aidée. Qui êtes-vous en réalité : le père ? La mère ? Le conjoint ? L'enfant ? L'infirmière ? Le soignant ?... Il est compliqué de répondre à ces questions tant ces rôles s'entrelacent et s'imbriquent. Est-il vraiment nécessaire de vous déterminer si finement ? Une chose est sûre : sans vous en rendre compte, ce glissement dans le rôle d'aidant s'est fait progressivement, lentement, dans un processus au long cours. La perte d'autonomie vous a demandé et vous demande encore une implication si forte au quotidien pour faire face à tous les aspects de la vie que vous ne vous êtes même pas posé la question. Cette situation vous paraît même « normale ».

Vous vous oubliez, vous mettez de côté votre vie de couple, vous avez pris quelque distance avec votre famille, vos amis, vos sorties, vos centres d'intérêt... Tout ce qui pourrait vous être bénéfique. Sans oublier les dégâts collatéraux pour vos proches.

Par exemple, si l'aidé est un enfant, le risque est de focaliser toute votre attention sur lui au détriment de sa fratrie. La communication ne passe plus. La famille souffre et le manque de mots posés sur cette souffrance peut être lourd de conséquences pour l'avenir : des frères et des sœurs en rupture familiale, des conduites à risque chez les proches et particulièrement chez les adolescents, des passages à l'acte... Le tableau est volontairement noir, car toutes les situations ne conduisent pas à ces cas extrêmes. Le but est d'attirer votre attention sur la nécessité d'équilibrer, de trouver un juste milieu afin que tout le monde puisse y trouver sa place, et vous en premier.

En parallèle, vivre cette situation au quotidien vous renvoie à votre propre vulnérabilité et vous confronte à la douleur sans « raison », à devoir affronter une vie parsemée de soins, à mobiliser sans arrêt des personnes tierces (aide à domicile...) pour vous aider à gérer le quotidien jusque dans les tâches les plus simples... Êtes-vous prêt à voir et à vivre un autre versant de l'existence, plus complexe, plus subtil et profond ? À envisager l'inacceptable, l'injustice, l'intolérable ?

Face à ces situations, vous avez souvent entendu parler d'« acceptation ». Accepter l'inacceptable, l'aléatoire, est-ce vraiment envisageable ? Et si cette « blessure » de l'existence, qui ne se refermera jamais, devenait un moteur pour avancer au quotidien et garder la tête haute, afin de lutter contre l'incompréhension, l'injustice, la méconnaissance de la différence ? Mais si tout ce que vous vivez avait du sens dans votre vie, soulignait vos capacités, révélait vos ressources et celles des autres personnes qui sont dans une situation similaire, et vous permettait d'agir, de vous impliquer dans des actions, de trouver des solutions pour rendre la société plus humaine et plus juste ?

Faire face au choc

Nul n'est préparé à la survenue d'un accident, à l'annonce d'une maladie ou d'un handicap. L'urgence est de faire face, d'aller à l'essentiel. Pas le temps de réfléchir, de se poser les bonnes questions. Ce n'est que lorsque les événements se « calment », qu'une certaine forme de routine se met en place, que vous entrez réellement dans le processus d'aidance. En ce domaine, chaque cas est tellement différent qu'il est impossible d'en dégager une généralité sur la manière de gérer ces diverses situations.

Souvent, le processus d'entrée dans ce rôle d'aidant suit des temporalités différentes, du fait même de la cause. Par exemple, face au handicap, de naissance ou acquis plus tard dans l'existence (au cours de l'enfance ou de la vie d'adulte), la dynamique ne sera pas la même. Dans ce cas, il demeure l'espoir que les choses ne restent pas en l'état et qu'elles s'améliorent. Vous pouvez être attentif aux moindres signes d'évolution qui annonceraient des progrès, avec un désir inavoué : tout doit redevenir comme avant. Vous ne voulez pas écouter le diagnostic ou le pronostic des médecins, c'est impensable ! Ils se sont trompés, forcément... Vous arriverez à dépasser cette situation. Elle ne peut être que passagère. Vous mettrez tout en œuvre pour surmonter cette épreuve, la faire changer. Une dynamique de stimulation, voire de sur-stimulation se met en place, avec l'envie d'amener votre proche vers le plus d'autonomie possible.

Vos aspirations peuvent être aussi grandes que vos révoltes, celles qui grondent face aux difficultés d'une vie au quotidien que vous n'avez pas soupçonnée et encore moins imaginée, surtout face aux obstacles qui s'enchaînent et à l'inertie du système : les épreuves se multiplient, de l'école aux différentes administrations, en passant par les dossiers MDPH à remplir... toutes ces démarches qui demandent beaucoup de temps et d'énergie. Un parcours du combattant permanent.

La prévention du suicide chez les aidants : observer, repérer, agir en concertation

Le suicide : un risque majeur chez les aidants

C'est un sujet tabou et peu médiatisé. Qu'on le veuille ou non, aider un proche au quotidien peut avoir un impact sur la santé physique et psychique de l'aidant : cette vigilance activée à tout instant, l'esprit toujours occupé à parer, anticiper, programmer, la gestion sans relâche des micro-tâches et des imprévus qui ponctuent le quotidien... Dans ces conditions, la tête dans le guidon, il est difficile de prendre du recul, de prioriser les tâches les plus importantes. Car tout devient au quotidien, justement, urgent et important. Certains aidants refusent de demander de l'aide, persuadés qu'ils peuvent tout gérer seuls, ou que ce sera plus compliqué et plus long de passer par une tierce personne. D'autres subissent la « tyrannie » de leur proche qui refuse toute aide provenant de l'extérieur, refusant parfois les solutions qu'eux-mêmes peuvent proposer pour faciliter le quotidien. Alors la résignation s'installe et « on fait avec ».

Le franchissement de la ligne rouge

Sans s'en apercevoir, l'aidant brûle ses ressources intérieures, franchit la ligne rouge de ce qui est supportable, gérable.... Pour certains, il n'est plus possible d'entendre les signaux d'alerte que leur envoie leur corps, telle la fatigue mentale due à l'usure répétée du quotidien. Comme anesthésiés, ils fonctionnent en pilote automatique, avec l'impression de ne plus rien ressentir, épuisés, vidés. Ils ont beau faire, ils se sentent dépassés par les événements. Avec la sensation coupable de ne pas en faire assez, de ne pas être à la hauteur. Ce qui s'accompagne d'un sentiment d'échec et d'une mauvaise estime d'eux-mêmes... Fragilisés et isolés, anxieux, assaillis par un stress quasi permanent, ils voient leur santé se détériorer et développent des maladies chroniques. Mais cet aspect, ils le mettent de côté, n'ayant plus de temps ni d'espace pour le gérer. Ils nourrissent également un désespoir, des idées noires qui poussent certains, n'arrivant plus à entrevoir une porte de sortie, à commettre l'irréparable. D'autres ne passent pas à l'acte mais y songent. Parmi eux, beaucoup traversent des conflits familiaux, font face à des reproches sur la manière de prodiguer les soins ou, lorsqu'ils demandent de passer le relais, de souffler un peu. Ils tiennent par amour, par devoir et, confondant don de soi et oubli de soi, se mettent en danger.

Des chiffres

En France, les médias en parlent peu. Il n'existe pas de statistiques officielles pour mesurer l'ampleur de ce mal-être chez les aidants. Selon l'OCDE (Organisation de coopération et de développement économique), la prévalence de la dépression est le sentiment le plus fréquent chez les aidants et l'une des principales raisons qui les pousse à passer à l'acte suicidaire. C'est une réalité qui concerne tout le monde, de la préadolescence au grand âge. 75 % des décès par suicide sont masculins, avec deux pics du risque suicidaire : le premier entre 45 et 54 ans, le second à partir de 75 ans. Certains signes doivent donner l'alerte : harassement, repli sur soi, changements brutaux de comportement et désorganisation, communication rompue entre l'aidant et l'aidé.

La précarité, facteur aggravant

Selon l'Union nationale de la prévention du suicide (UNPS), la survenue des suicides implique mathématiquement une proportion plus importante d'aidants familiaux. Côté facteurs aggravants, le chômage est également très fréquent chez les aidants. Les personnes touchées par le suicide chaque année sont deux fois plus nombreuses que celles impliquées dans les accidents de la route.

Parmi les facteurs déclenchants, « le risque relatif de décès par suicide est plus élevé pour les chômeurs et inactifs », ce qui est bien souvent le cas des aidants, en situation d'isolement social et de précarité. Ils se sentent incompris et se murent dans le silence. Les régions de l'Ouest et du Nord affichent les taux de suicide les plus élevés, suivies par la Normandie, les Pays de la Loire et la région Centre-Val de Loire.

Une priorité : échanger et parler !

Le passage à l'acte est paradoxalement lié à un mécanisme de survie, à un désir ardent de sortir de ce tunnel sans fin. C'est un appel à l'aide plus qu'une volonté de mourir.

Le but est d'amener les aidants à sortir de leur silence, à parler de leur situation. Il existe des associations, des lieux d'écoute où recueillir cette parole, la déposer et être entendu. Ce qui permet une première prise de recul sur leur situation.

L'UNPS regroupe plusieurs dizaines d'associations et des centaines de bénévoles et professionnels – de la santé ou de l'action sociale – en France, qui ont un jour été confrontés de près au suicide. Ces acteurs agissent au quotidien pour prévenir le passage à l'acte.

Les associations membres de l'UNPS jouent donc un rôle capital dans ce travail de soutien quotidien, en travaillant sur différents axes :

- l'animation de plateformes d'accueil téléphonique ou numérique recevant plusieurs centaines de milliers d'appels chaque année - par exemple, la plateforme SOS Amitié a répondu à plus de 700 000 appels en 2020 ;
- l'écoute et l'accompagnement en face-à-face de personnes à risque suicidaire ;
- la mise en place de soins psychologiques et psychiatriques ;
- la formation et la sensibilisation des professionnels de santé et d'action sociale ;
- la prévention et la promotion de la santé à destination du grand public.

Pour désamorcer cette spirale infernale, la personne qui aide un proche en situation de dépendance peut bénéficier d'un accompagnement psychologique au sein d'un cabinet, d'associations comme l'Association française des aidants ou auprès de sa mutuelle. Ce sont des lieux ressources pour donner à l'aidant la possibilité d'exprimer ses idées noires et de trouver des solutions.

Pour plus d'informations : http://www.unps.fr

Bon à savoir : renseignez-vous auprès de votre mutuelle : des consultations auprès de psychologues peuvent être remboursées.

Accompagner l'entrée en dépendance

Accompagner sa mère ou son père dans le grand âge, c'est vivre la situation inverse de notre enfance : nous accompagnons ceux qui nous ont donné la vie, qui nous ont amenés à l'autonomie, en nous guidant dans les apprentissages de la vie. Nous, nous les accompagnons vers la fin de leur existence.

Dans ce processus, la culpabilité nous tenaille : comment oser dire que l'accompagnement de nos parents est une source de souffrance pour nous ? Après tout, ce sont nos parents, nous leur devons bien ça ! Ils nous ont aidés à grandir, à devenir ce que nous sommes.

Et comment les accompagner vers cette perspective d'une fin de vie qui sera source de souffrance, de séparation, où nous serons dans l'ordre naturel les prochains sur la liste ? Encore un processus qui nous renvoie à notre condition humaine.

Jeunes aidants : ces enfants invisibles

C'est un sujet passé sous silence : les jeunes aidants. Ils fournissent de l'aide physique et psychologique au quotidien à des proches atteints de maladies chroniques, psychiatriques ou de handicap.

L'association Jeunes AiDants Ensemble (JADE), pionnière dans le domaine et engagée au niveau national depuis 2016, a participé, avec l'aide du groupe de protection sociale Klesia, à l'élaboration du *Cahier du Comité national Coordination Action Handicap* n° 9 (juin 2019) dédié aux jeunes aidants. Elle estime à 500 000 le nombre de jeunes aidants de moins de 18 ans en France, y compris des enfants de 7 ans ! Et ce chiffre serait sous-estimé... On évoque plus de 1 million de jeunes concernés. L'accroissement des maladies chroniques et l'augmentation des foyers monoparentaux laissent à penser qu'ils sont de plus en plus nombreux.

Tous ces enfants et ces jeunes qui donnent leur temps et leur énergie pour aider un proche au quotidien ne sont que peu connus du grand public et des institutions. Le manque de recherches et de données mène à une quasi-invisibilité de cette population et à une méconnaissance de leur nombre réel et de leurs conditions de vie. La France est, par conséquent, en retard par rapport à ses voisins européens sur les moyens d'action concrets mis en place pour les soutenir. La reconnaissance par les institutions et la sensibilisation du grand public à cette population se heurtent au fait que les jeunes se définissent très rarement eux-mêmes par le terme « aidant ». Ils ont conscience du temps et de l'énergie qu'ils donnent à leur proche, mais leur investissement leur semble évident. Il leur est également difficile d'évoquer leur situation dans une tranche d'âge extrêmement sensible au regard des autres... Le plus souvent, ils la cachent pour ne pas être stigmatisés, que ce soit par leurs camarades ou par les adultes. Pas toujours évident à vivre pour ces jeunes en pleine construction narcissique.

Une aide apportée très tôt dans l'enfance

L'enquête Novartis-Ipsos d'octobre 2017, « Qui sont les jeunes aidants aujourd'hui en France ? », menée auprès de 501 jeunes aidants, anciens ou actuels, âgés de 13 à 30 ans, aide à lever un peu plus le voile sur eux, à avoir une représentation plus concrète de leur quotidien et des conséquences que la situation d'aide a sur ces jeunes en pleine construction.

Dans cette étude, les jeunes interrogés et actuellement en situation d'aide sont 40 % à avoir moins de 20 ans ; 13 % d'entre eux ont entre 13 et 16 ans, filles comme garçons. L'âge moyen du début de l'aide est de 16 ans et demi, mais cette situation commence souvent plus tôt, dans l'enfance, 18 % des jeunes interrogés déclarant avoir commencé à aider entre 6 et 10 ans. L'aide s'enracine dans le temps long car pour plus d'un tiers, la période d'aide dure depuis six à dix ans. Les personnes aidées au quotidien sont en majorité des membres de leur famille, en premier lieu les parents, suivis par les grands-parents et les frères et sœurs. Les maladies graves, le grand âge et le handicap sont les trois facteurs principaux.

C'est quoi, être jeune aidant ?

Être jeune aidant, c'est d'abord consacrer une partie de son temps quotidien à la personne aidée. Parmi les jeunes interrogés par Novartis, 73 % passent au moins une heure par jour à s'occuper de leur proche en semaine et 36 %, plus de deux heures. Aider, c'est en premier lieu être présent pour le proche et lui apporter un soutien moral, mais à cela s'ajoutent toutes les tâches de la vie quotidienne : courses, repas, ménage, pharmacie, prise des médicaments, gestion des rendez-vous médicaux... Certains s'occupent même de l'hygiène et de la toilette. Cet investissement humain quotidien a une incidence sur leur vie, alors qu'ils doivent souvent gérer leur scolarité, leurs études ou un emploi en plus de ces responsabilités.

De fortes répercussions quotidiennes sur tous les plans

Cette situation d'aide a de lourds impacts physiques et psychologiques. Leur santé est souvent touchée : outre le stress et les diverses inquiétudes pour l'avenir du proche aidé, c'est la fatigue induite par l'aide qui revient le plus chez les jeunes interrogés. Comme rapporté dans *Le Cahier du Comité national Coordination Action Handicap n° 9*, ils sont 75 % à déclarer se sentir fatigués au quotidien et plus d'un sur deux des interrogés déclare avoir du mal à dormir et dit ressentir des douleurs physiques.

La situation d'aide a aussi un impact sur leur cursus scolaire. La fatigue et la charge mentale peuvent avoir des conséquences sur leur ponctualité, leur assiduité et leur concentration, d'autant que les écoles ou les universités prennent peu en compte la situation spécifique de jeune aidant. Cela limite les possibilités d'aménagement et d'accompagnement dont ces jeunes auraient besoin pour mener leur scolarité dans de bonnes conditions. La situation d'aide a aussi un impact sur leurs choix professionnels : ils sont nombreux à se tourner vers les métiers du médical ou de l'aide à la personne afin de prolonger cette volonté d'aider l'autre dans leur vie professionnelle.

Leur vie sociale est également bouleversée. Le temps qu'ils consacrent à leur proche limite leurs activités extrascolaires et leurs responsabilités ont parfois tendance à les couper de la réalité que vivent les autres jeunes de leur âge. Cette situation peut mener à un sentiment d'isolement ; ils n'osent parfois pas parler de ce qu'ils ressentent, même quand ils se sentent dépassés. Un jeune aidant interrogé par Novartis et Ipsos sur deux ne parle pas de sa situation d'aide à l'école ou pendant ses études supérieures.

Parmi les jeunes interrogés, 94 % trouvent que cette situation d'aide constitue un apport personnel dans leur vie et le sentiment de fierté domine chez 7 jeunes sur 10. Cette situation peut leur donner le sentiment d'être utile, renforcer leur estime personnelle, resserrer les liens avec la personne aidée et leur conférer plus de maturité. Mais il ne faut pas s'y tromper : même s'ils mettent généralement la dimension positive de leur rôle en avant, beaucoup d'entre eux ressentent de la fatigue, un sentiment de solitude, une inquiétude sans fin, une injonction contradictoire (réussir ses études, porter son proche au quotidien, se sentir coupable face à la rage qui s'installe, avoir l'impression de ne jamais en faire assez, avoir envie de vivre sa propre vie...). Par ailleurs, parler et évoquer leur situation est souvent assimilé à de la plainte (« Ne te plains pas, toi, tu es en bonne santé ! »).

Les conséquences peuvent être lourdes : perte de l'estime de soi, addictions (pour tenir dans ce rôle de « faux moi »), décrochage scolaire, répercussions sur le long terme, notamment avec des deuils non réglés ou des situations qui perdurent toute une vie, sentiment d'être passé à côté de sa vie...

Les associations au service des jeunes aidants

L'absence d'aides concrètes pour les jeunes aidants en France tient au fait que le grand public n'est pas sensibilisé à leur cause et qu'il n'existe pas de politiques publiques pour les soutenir. Les jeunes aidants ne sont pas clairement identifiés et ne peuvent donc pas bénéficier du soutien et de l'accompagnement qui leur permettraient de mener leur vie plus sereinement. Les seuls supports d'aide sont les associations. Parmi elles, il y a JADE et la pause Brindille.

L'association JADE

L'association nationale JADE (Jeunes AiDants Ensemble) a vu le jour en 2016 après trois ans d'ateliers pour les jeunes aidants entre 8 et 18 ans. Ces ateliers cinéma-répit leur permettent d'exprimer ce qu'ils vivent au quotidien, une semaine pendant les vacances d'automne et une semaine en hiver. Les 8-13 ans s'investissent dans la production de films d'animation, les 14-18 ans dans l'écriture et la réalisation d'un autoportrait documentaire. Ils sont accompagnés par des animateurs BAFA et des professionnels du cinéma (ingénieurs du son, scénaristes, monteurs...). Aux ateliers JADE, ils montrent ce qu'ils traversent sans préjugés, utilisant le langage audiovisuel pour exprimer leur ressenti, raconter leur expérience et partager leur vécu.

À l'issue des ateliers a lieu une projection des films réalisés en présence des proches et ouverte au public. Les jeunes se sentent moins seuls ; ils resteront en contact par la suite. Ils ont le sentiment de faire partie d'une communauté sur laquelle ils peuvent s'appuyer, des amitiés naissent dont beaucoup perdurent. Ils ont davantage confiance en eux. Ils se sentent également plus à l'aise pour être en confiance et ont moins peur de parler de leur situation à leur entourage.

En parallèle, l'association défend les intérêts des jeunes aidants auprès d'instances publiques telles que le ministère de la Santé. Pour cela, elle a identifié trois axes principaux sur lesquels il est urgent d'agir : la prévention de l'échec et du décrochage scolaire, la prévention des négligences des soins et souffrances psychiques de l'enfant, et la prévention de la désinsertion sociale. « Nous conseillons entre autres les départements, les associations et autres acteurs locaux sur le besoin de former un écosystème de repérage et d'actions d'accompagnement adaptés à destination des jeunes aidants », souligne l'association JADE.

La médiation familiale comme l'insertion des jeunes adultes aidants sont des sujets essentiels sur lesquels l'association souhaite se pencher et mettre en place des actions : « Il y a tellement à faire. Nous ne sommes qu'aux prémices d'un sujet émergent qui deviendra, au fil des mois et des années, essentiel ! » conclut Amarantha Bourgeois, directrice du développement des projets.

À ce jour, plus de 300 jeunes aidants ont été accompagnés par l'association.

Contact : contact@jeunes-aidants.com
Site Internet : https://jeunes-aidants.com
Tél. : 07 67 29 67 39

Du temps pour soi avec la pause Brindille

La pause Brindille est une autre association soutenant les enfants, adolescents et jeunes adultes de moins de 25 ans qui accompagnent et vivent avec un ou des proches touchés par le handicap, la maladie ou l'addiction.

Située en région Auvergne-Rhône-Alpes, la pause Brindille s'adresse aux jeunes de toute la France et a pour mission de créer une communauté nationale de soutien.

L'association s'appuie pour son développement sur « l'expertise d'usage » de ces jeunes et leurs besoins : si elle construit son projet en lien avec de nombreux partenaires de la santé et du médico-social, elle s'appuie au quotidien sur les jeunes eux-mêmes et sur les partenaires associatifs du secteur jeunesse et éducation populaire, ainsi que sur d'anciens jeunes aidants qui ont du recul sur leur vécu et les impacts de cette situation sur leur vie. Le principe de la pair-aidance peut ainsi devenir intergénérationnel.

« Notre projet est d'aller vers plus de considération pour le soutien qu'ils apportent à leurs proches et de leur offrir un espace positif d'expression dans l'espoir de créer une communauté de soutien partout où ils se trouvent », explique Axelle Enderlé, la fondatrice, maman de deux filles, dont l'une est adolescente et la seconde est atteinte d'un syndrome génétique rare.

Libérer la parole

Afin de proposer des modèles d'identification pour que les milliers de jeunes concernés se reconnaissent dans ce terme pas forcément adapté, la pause Brindille propose déjà de nombreux témoignages sur Instagram et YouTube (un par semaine), où les jeunes se confient en s'adressant à d'autres jeunes. Ces témoignages ont pour but de montrer la diversité des situations, des ressentis, du plus positif au plus lourd.

« Les jeunes sont très directs, simples et généreux dans ce qu'ils partagent, et ils le font vraiment avec la volonté de s'adresser à d'autres jeunes concernés pour les aider. Ils disent leur fierté, leur tristesse, leur rejet de l'aide, leur volonté de rendre leur place, d'assumer leur rôle, leur sentiment de grandir trop vite, le sens qu'ils mettent à ce rôle, les questions taboues, leurs questions sur leur avenir... Ils sont nombreux également à vouloir témoigner de l'importance de penser à soi aussi, de ne pas s'oublier, de ne pas tout porter, de vivre leur vie également. C'est une parole sans traduction, sans filtre. C'est pour cela que nous avons logiquement intitulé cette série "Ma parole" », poursuit Axelle Enderlé.

Un projet de podcast verra bientôt le jour pour donner la parole aux enfants aidants, dont la présence semble moins adaptée sur les réseaux sociaux, et qui permettra un format plus long.

Une plateforme pour lutter contre l'isolement et soutenir la joie de vivre

Pour aller plus loin, l'association propose une plateforme digitale, « les Brindilles », sécurisée et adaptée à deux tranches d'âge : les 13-17 ans et les 18-25 ans, disponible sur le Web et sur application.

Le but est de leur offrir : un espace de soutien, pour qu'ils puissent échanger sur leurs questionnements et trouver des réponses, s'exprimer et être entendus ; un espace de ressources en lien avec la pathologie de leurs proches si nécessaire (santé mentale, addiction, maladie chronique, handicap) ; plus un accès à des événements et contenus centrés sur leur propre santé : alimentation saine et plaisir, relaxation, sport défoulement, astuces bien-être...

La pause Brindille a pour ambition, avec cette application, de leur donner aussi l'occasion de partager sur autre chose que leur situation d'aidant, sur leurs passions, leurs délires du moment, comme n'importe quel jeune de leur âge mais avec le sentiment d'appartenir à la communauté « de ceux qui se comprennent ». Une offre de répit adaptée à leurs disponibilités et à leurs usages du numérique.

Un service d'écoute dédié : Brind'écoute

L'association lance également un service d'écoute afin d'offrir à ces jeunes un temps d'échange bienveillant et sans jugement par SMS, téléphone et *via* l'application. Cette écoute sera assurée par d'autres jeunes, bénévoles ou en service civique, supervisés par des professionnels, avec redirection si nécessaire vers des psychologues et d'autres services selon les besoins.

Pour plus d'informations : https://lapausebrindille.org

Quel aidant avez-vous envie d'être ?

Beaucoup deviennent aidants malgré eux. Une situation qui est plutôt subie que choisie. Les mêmes témoignages reviennent : « Je n'ai pas eu le choix d'aider. Ça m'est tombé dessus. Qui d'autre pouvait le faire ? » Derrière, il y a souvent une notion de devoir.

D'où vient-elle ? L'obligation morale est souvent évoquée. Elle cache la notion de devoir, une contrainte qu'impose la société. C'est une pression sous-entendue, non dite ; des codes sociaux et moraux que nous avons tous intégrés et qui ne semblent pas discutables, tout comme vous devez faire face au regard jugeant et limitant de l'entourage.

Si vous avez le « mauvais goût » de déroger à ce que la société et les proches attendent de vous, vous renvoyez une image d'« égoïste », de « lâche ». On vous fera entendre, ou en tout cas sentir, que vous fuyez vos responsabilités, que vous n'êtes pas fiable, qu'il est impossible de compter sur vous... Ce qui vous renvoie une image négative de vous-même et peut être très culpabilisante. Par exemple, vous n'avez pas la force d'accompagner votre mère qui est devenue agressive après son accident vasculaire cérébral ou bien vous souhaitez vous séparer de votre mari car celui-ci, après son accident, est devenu verbalement violent. Mais, dans les deux cas, les personnes restent par devoir, par obligation familiale, par amour, parce que « vous lui devez bien ça », une notion de dette très lourde à porter.

Quand la situation n'est pas choisie, l'aidé comme l'aidant peuvent entrer dans un triangle dramatique : persécuteur-victime-sauveteur, ce qui implique des enjeux psychologiques très forts aux conséquences souvent néfastes. S'investir à contrecœur renvoie au sacrifice, avec l'impression de passer à côté de sa vie, ou bien le risque de devenir, malgré soi, maltraitant avec son proche pour lui faire « payer » de manière inconsciente le fait qu'il vous fait subir cette situation. Il est important que vous en preniez conscience pour éviter d'entrer dans ce jeu dramatique.

La vérité est que chaque cas est unique et que chacun réagit à sa façon : vous avez le droit de ne pas savoir, de ne pas vouloir, de ne pas pouvoir. Contrairement à ce qu'on vous laisse entendre, vous avez le choix ; toutefois, il est nécessaire que cela se fasse en toute conscience. Et ce choix ne sera jamais ni définitif ni parfait.

Si vous choisissez d'entrer dans « l'aidance », essayez de trouver une place qui soit juste, pour vous comme pour votre proche. Cela implique d'accepter de faire le deuil d'une relation passée et de changer de position. Et si, au lieu de la subir, vous inversiez la situation et que vous partiez de vous, de vos besoins, de vos objectifs de vie pour trouver une relation de qualité, équilibrée avec l'aidé ? Car c'est en pensant à vous que vous pourriez mieux encore aider l'autre. Dès le départ, vous avez le droit de préserver des moments rien qu'à vous, en ne portant pas tout sur vos épaules, en refusant de faire certains gestes ou certaines tâches, en vous appuyant sur des pairs et des associations, en intégrant le répit dans votre parcours d'aidant, en vous faisant aider par les professionnels...

Il est nécessaire de réussir à déterminer les motivations qui vous poussent à vous glisser dans le rôle d'aidant. Le but est de savoir quel type de relation vous souhaitez avoir avec votre proche et quel type d'aide vous voulez/pouvez apporter. Avant de devenir le moteur de cette relation aidant-aidé, posez-vous ces questions :

» **Pourquoi voulez-vous vous investir ? Est-ce pour rester auprès de votre proche ? Est-ce pour des raisons financières ?**

» **Pourquoi est-ce si important pour vous ?**

» **De quelle manière souhaitez-vous vous impliquer ? Jusqu'où ?**

» **Voulez-vous tout organiser de A à Z pour garder le contrôle de la situation ?**

» **Avez-vous défini précisément ce que vous voulez faire (courses, toilette, promenades, soins, organisation de l'intervention des professionnels, tâches administratives...) ?**

» **Qu'acceptez-vous de déléguer ?**

» **Quelles sont les solutions qui peuvent être mises en place ?**

- Comment répartir les tâches au sein de la famille ?
- Si la maladie ou le handicap est évolutif, sur quels professionnels ou réseaux pouvez-vous vous appuyer ?
- Avez-vous prévu des moments de répit pour vous ?
- Avec qui pouvez-vous parler de votre situation (médecin, psychologue, groupe de parole…) ?
- Avez-vous identifié des structures ou personnes qui vous permettront de souffler (plateforme de répit, amis, famille…) ?
- Avez-vous parlé de cette implication avec votre proche ? Du rôle et de la manière dont vous allez vous occuper de lui ? de ses besoins ? des vôtres ?
- Avez-vous observé ce que votre proche peut faire ou ne pas faire ? Sur quels actes de la vie quotidienne il peut être autonome ?

Car s'il s'agit d'obtenir de la reconnaissance et si vous ne l'obtenez pas, vous risquez d'engranger les frustrations, voire de la rancune, et vous allez finir par craquer. Cela ne se décide pas du jour au lendemain et en même temps, il est important de vous poser les bonnes questions pour ne pas vous épuiser. Souvent, puisque vous avez choisi d'être aidant, vous pensez devoir multiplier les tâches, en faire davantage encore. Mais vous-même avez vos limites. Les reconnaître vous permettra de ne pas entrer dans une relation sacrificielle et de savoir quel aidant vous souhaitez être. Parce que votre proche n'a réellement besoin de vous que lorsque vous êtes bien. C'est pourquoi il est nécessaire de vous poser les bonnes questions le plus tôt possible et non lorsque les crises surviennent. Ce sont souvent les barrières psychologiques qui sont les plus importantes à surmonter. Car le plus difficile est d'accepter que votre proche soit en état de dépendance.

La médiation : un espace d'écoute et de parole

Recourir à la médiation familiale est un bon moyen de dépasser un conflit, renouer une communication coupée, trouver des solutions concrètes à un problème. Surtout dans une famille où l'aide apportée à un ou des proches dépendants cristallise tout.

Aurélie De Andrade, médiatrice familiale diplômée d'État de l'association Médiateurs dans la ville, explique : « En tant que médiatrice, je dois impérativement rester neutre. Je laisse s'exprimer les besoins sincères et réels de chacun afin que tout le monde les entende. Mon rôle n'est pas de me focaliser sur le "pourquoi" du problème mais sur le "comment" de sa résolution. Nous aidons les personnes à passer de l'idée qu'elles peuvent se faire de la situation en mettant en face les moyens qu'elles peuvent utiliser. Je les questionne en détaillant, pour chaque étape, la manière dont elles comptent y parvenir et en pensant aux moyens qui vont avec. Cette démarche les aide à sortir du conflit et à se projeter pour trouver leurs propres solutions. Voir ce qui est faisable en pratique. Les médiateurs sont des "obsessionnels du concret". Le but est que la situation se rééquilibre. Mon rôle est d'offrir un espace d'écoute dans lequel elles peuvent aborder leurs préoccupations en toute sécurité en garantissant les conditions d'un échange le plus confortable possible. En tant que médiatrice, je suis une facilitatrice pour faire circuler la parole tout en restant impartiale. »

Les types de sujets traités

La médiation aborde tous les sujets, notamment ceux liés à l'aidance.

Par exemple :

- Vous avez le sentiment que votre avis n'est pas pris en compte parce que vous êtes malade, handicapé ou âgé.
- Vous rencontrez des difficultés à dialoguer avec votre famille et/ou le proche que vous aidez.
- Vous vivez des tensions au sein de votre famille au sujet d'un parent handicapé ou âgé.
- Vous voulez faciliter les relations entre tous (conjoints, parents, grands-parents, frères, sœurs, enfants, petits-enfants, proches...).

» Vous souhaitez renforcer le climat de confiance dans l'entourage de votre proche handicapé ou âgé, ou bien dans l'établissement chargé de sa prise en charge.

» Vous souhaitez établir un dialogue avec l'établissement qui prend en charge votre proche et avec lequel vous êtes en conflit.

» Votre sœur, votre frère, votre enfant est porteur d'un handicap, vos parents âgés se fatiguent… vous vous posez la question de la façon d'organiser « l'après ».

» Vous êtes reconnu ou non personne handicapée et vous avez envie, besoin d'éclaircir les relations avec vos proches.

» Vous souhaitez diminuer votre aide et/ou réfléchir avec les membres de votre famille à une réorganisation de l'aide que vous lui apportez et/ou vous souhaitez passer le relais…

Tutelle ou curatelle ?

Les questions liées à la protection juridique sont aussi traitées : « Certains demandeurs sont pris dans un dilemme quand ils doivent mettre en place une tutelle ou une curatelle pour leurs proches, continue Aurélie De Andrade. Ils me demandent : "Est-ce trahir que cet aspect soit pris en charge par un tiers extérieur quand mon enfant sera majeur ?" » Ce sont des sujets qui requièrent du temps. Cette médiation peut donner lieu à un accord écrit qui sera transmis, par exemple, au juge des tutelles ou au juge aux affaires familiales. Cet écrit pourra être juridiquement homologué et pris en compte dans la procédure.

Inviter les autres dans la danse

La médiation part d'une démarche fondée sur la volonté. Les personnes qui sollicitent une médiation proposent à d'autres personnes d'entrer dans le processus, de leur présenter les avantages. Il faut convaincre. « Il y a un vrai travail de préparation à réaliser en amont, notamment grâce à des entretiens préalables. Parfois, je décroche le téléphone ou j'envoie un courrier pour convoquer les personnes concernées. Mais l'idéal est que le demandeur effectue lui-même cette démarche. Nous réfléchissons sur la façon d'aborder ce sujet en se mettant à la place des autres personnes. Le but est de lever les éventuels freins et de souligner l'intérêt de leur présence.

Les séances de médiation se réalisent dans des endroits si possible neutres, en dehors du domicile, sauf rares exceptions lorsque les personnes ne peuvent pas se déplacer. Pandémie du coronavirus oblige, les séances par visioconférence se multiplient. « Cela ne change rien au processus. Cette situation a l'avantage d'assurer la présence des membres de familles séparées géographiquement. Et pour celles qui sont en grand conflit, cette distance permet de renouer plus facilement la communication », constate Aurélie De Andrade.

Des associations conventionnées

Les entretiens préalables à la mise en place d'une médiation sont gratuits, mais les séances de médiation sont payantes. Le barème de prix tient compte des ressources des personnes concernées. « Cela coûte entre 2 et 131 € par personne. Ces tarifs sont possibles car les associations de médiateurs ont passé une convention avec les Caisses d'allocations familiales (Caf) et la MSA (Mutualité sociale agricole) », explique Aurélie De Andrade. En moyenne, une médiation dure quatre à cinq séances, parfois moins. « Au-delà, le suivi sera considéré comme un accompagnement sur du plus long terme. Dans ce cas-là, nous passons le relais à d'autres professionnels », précise la médiatrice.

Bon à savoir : les Caf et les MSA recensent toutes les associations de médiateurs avec qui elles ont passé une convention. Pour les trouver, il suffit de taper sur un moteur de recherche Internet « Caisse d'allocations familiales [votre département] + association de médiateur ». Demandez également si l'association traite du sujet des proches aidants.

Rond-point des parents, médiation familiale
Site Internet : mediateurs-dans-la-ville.fr
Tél. : 01 39 52 19 49

DANS CE CHAPITRE

S'appuyer sur des professionnels

•

Savoir travailler main dans la main avec eux

•

Faire valoir ses droits

Chapitre 4
Les acteurs professionnels sur lesquels s'appuyer

Quand nos proches tombent malades ou deviennent handicapés, nous leur venons spontanément en aide. À la longue, la situation s'installe et nous ne nous rendons plus compte que nous sommes seuls à les soutenir au quotidien. Cela nous semble tellement légitime et normal que nous ne prenons pas conscience que nous pouvons être accompagnés par des professionnels dont le métier est de prendre soin des autres. Avoir recours à eux nous permet de souffler et de tenir sur le long terme.

Les auxiliaires de vie sociale

Les auxiliaires de vie sociale (AVS) représentent souvent les premiers interlocuteurs du quotidien : ces professionnels accompagnent des personnes vulnérables dans la réalisation de leurs actes essentiels (manger, se laver, aller aux toilettes...), mais également dans leur vie sociale. Ils contribuent à l'entretien du cadre de vie.

Bien entendu, l'intervention quotidienne de professionnels peut amener une organisation plus complexe du fait de la multiplication des intervenants pour gérer l'aide (du temps réparti dans la journée, pour le lever, le repas de midi et/ou le coucher).

Certains intervenants manquent de connaissances sur les habitudes de vie, le handicap ou la perte d'autonomie de la personne. La gestion des imprévus (maladies, remplacements) mobilise bien souvent les aidants.

Parfois, les aidants craquent devant le défilé de nouvelles personnes ou l'absence de coordination. La tentation est alors grande de mettre fin à l'accompagnement par des tiers extérieurs. Pourtant, cette « solution » conduit souvent à un enfermement progressif face à la disqualification des professionnels. Il faut également faire attention à éviter l'installation d'une certaine forme de huis clos. La situation est loin d'être parfaite, mais des efforts de modernisation des services à la personne sont en cours, avec la création de labels comme Handeo ou la certification NF des services à la personne.

Nous ne serons pas toujours en mesure d'accompagner notre proche (en raison de vacances, mobilité professionnelle, maladie, etc.) et l'enfermement hypothèque également la capacité à construire de futures solutions comme le recours à un établissement.

L'intervention de ces professionnels peut être financée par des aides départementales relevant du Conseil départemental et/ou de la MDPH. L'évaluation des besoins se déroule souvent au domicile, en fonction des habitudes de vie des personnes, avec un travailleur social.

Pour que les interventions de professionnels extérieurs se passent bien, il est nécessaire de définir précisément les rôles de chacun. Vous allez travailler avec l'auxiliaire de vie sociale pour le bien-être de votre proche. Ce professionnel est salarié, il est lié à vous par un engagement contractuel (contrat avec l'association qui le met à disposition, ou contrat de travail). À savoir : le diplôme d'État d'Auxiliaire de vie sociale (AVS) a été remplacé par celui d'Accompagnant éducatif et social (AES).

LES SERVICES INFIRMIERS

Certaines personnes vulnérables ont besoin d'actes infirmiers réguliers (pansements, toilettes complexes, vigilance sur l'état de santé). Votre proche peut bénéficier d'infirmières libérales sur prescription du médecin traitant, prestations réalisées par un service de soins infirmiers à domicile (Ssiad), un centre de soins infirmiers (CSI) ou des cabinets libéraux. Renseignez-vous auprès de votre médecin généraliste ou d'un travailleur social (assistant social de quartier ou, en milieu hospitalier, centre communal d'action sociale (CCAS)).

Le saviez-vous ?

Des expérimentations sur une autre façon d'accompagner globalement

La vision *Buurtzorg* (« soins de quartiers » en néerlandais) révolutionne la façon d'accompagner les personnes en perte d'autonomie, grâce à l'intervention d'infirmiers en équipes indépendantes. Elle commence à se diffuser en France avec une approche globale de la personne, évitant les multi-interventions cloisonnées dans lesquelles la personne accompagnée et son entourage se perdent bien souvent. Plusieurs transpositions existent en France, à l'initiative de l'ONG Soignons humain, engagée dans une expérimentation nationale nommée Équilibres.

Guillaume Alsac, coanimateur de cette expérimentation, nous explique le changement profond de modèle : l'objectif d'Équilibres est de soutenir une approche globale de la personne et, en équipe, des soins au domicile. En particulier, en remplaçant la tarification à l'acte par une rémunération en fonction du temps passé avec les patients, ce temps étant déterminé par l'équipe soignante en fonction du projet de soin des personnes.

Exemple : M. X, trachéotomisé, de retour à domicile avec des soins techniques, est soutenu par son épouse, aidante présente vingt-quatre heures sur vingt-quatre. Mme X vit un fort stress de jour comme de nuit.

Grâce à Équilibres, un passage infirmier démarre à 4 h 30. Au programme de cette rencontre matinale : discussion, valorisation du soutien apporté, dédramatisation des différents gestes et explication de tous les gestes, avec mise en situation progressive du patient et de l'aidant sous le contrôle de l'infirmier. Au bout de neuf mois, Mme X est autonome dans le soutien technique apporté à son mari. L'équipe peut encore être sollicitée à tout moment, en fonction des enjeux et de l'évolution de la situation de santé de M. X. Cet accompagnement permet au couple d'être soutenu et de continuer à construire des projets, notamment un projet de vacances : partir en camping cet été, de façon autonome, et retrouver un élan au-delà du soin.

Autre exemple : M. Y est diabétique et insuffisant rénal. L'équipe Équilibres, en concertation avec un travailleur social, fait le point avec le patient puis avec ses deux fils, débordés et pas du tout en état de gérer le quotidien de leur papa. La mise en place de relais se fait sur la gestion du budget de la famille, sur l'instauration d'une alimentation adaptée aux problèmes médicaux de M. Y. Après acceptation par M. Y et ses enfants, deux heures par semaine sont mises en place pour le ménage, ainsi que le portage de repas à domicile. M. Y est également accompagné pour la gestion de son traitement. Le travail aura permis à la famille de réacquérir de l'assurance et de modifier les habitudes alimentaires. Les deux enfants soutiennent également leur père dans son projet de démarrage d'une activité physique.

L'équipe Équilibres accompagne donc les personnes d'une façon globale, au-delà des seuls actes infirmiers actuellement rémunérés par la nomenclature d'actes. Il ne s'agit pas d'une innovation technologique liée aux soins, mais davantage d'une innovation organisationnelle et managériale très bien décrite dans l'ouvrage de Frédéric Laloux, *Reinventing organizations : vers des communautés de travail inspirées*[7].

D'autres innovations inspirées de ce modèle apparaissent dans les services à la personne, par et pour les auxiliaires de vie sociale, de Vivat à Alenvi et aux coopératives de services à la personne expérimentées par Familles solidaires. On avance !

Les travailleurs sociaux de proximité

Les assistants sociaux, les conseillers économiques et sociaux, les techniciens de l'intervention sociale et familiale, les éducateurs spécialisés travaillent pour des associations dans des services variés (CCAS, équipes mobiles hospitalières, services médico-sociaux...). Ils apportent chacun à leur manière des propositions de réponse aux difficultés auxquelles votre proche fait face. Certains de ces professionnels arrivent désormais en tant que profession libérale, facilitant l'accès à ces accompagnements. Pour accéder à ces compétences, rapprochez-vous d'un service social (à la mairie, au Conseil départemental, à la Protection maternelle et infantile, à la Caf, la Caisse primaire d'assurance maladie [CPAM], l'hôpital...). Très souvent, ces interventions nécessitent des « orientations » administratives : cela implique de remplir des dossiers pour ouvrir droit à ces accompagnements. Pas de panique, ces professionnels aident à monter les dossiers nécessaires.

L'intervention de travailleurs sociaux peut porter sur des domaines variés : retravailler le budget, surmonter des résistances internes à la personne vulnérable ou à ses aidants, accompagner la construction de menus adaptés, faire le lien avec d'autres services...

La première fois que l'on doit faire face à une demande administrative pour obtenir une prestation pour une personne vulnérable, débute la prise de conscience de la complexité du système et de son

7. Diateino, 2015.

fonctionnement en silo : souvent, vous devez assurer le rôle de liant entre différents acteurs sociaux. Il reste d'énormes progrès à accomplir pour décloisonner le système et offrir un interlocuteur unique aux personnes vulnérables et à leurs aidants.

LA PAIR-AIDANCE

On parle souvent en France de « pair-aidance ». Cette notion est pratiquée de longue date par les familles, par un soutien mutuel entre aidants, ou directement entre les personnes concernées par un handicap. Et si vous recherchiez des contacts efficaces, des trucs et astuces dans votre propre réseau ? Un bon kiné, une infirmière libérale qui accepte de faire des toilettes complexes, un chirurgien-dentiste formé aux soins pour les personnes polyhandicapées, un bon orthopédiste, un service à la personne réactif avec un management de qualité... Au-delà de cet aspect très concret, c'est aussi l'occasion de partager avec des oreilles attentives et sensibilisées vos situations de vie, vos doutes, vos espoirs.

Les hôpitaux et les professionnels de santé hospitaliers

Dans le parcours des personnes vulnérables, un des acteurs incontournables du soin qui reste le plus complexe à appréhender est l'hôpital. Ce type de structures souvent devenues gigantesques rend difficile le repérage entre les étages, les spécialités, les modes d'hospitalisation (en ambulatoire lorsque l'opération est faite dans la journée, en hospitalisation complète ou en hôpital de jour) !

L'organisation de soins permanents impliquant des équipes nombreuses et différentes, on comprend dès lors que la question du handicap et de la vulnérabilité soit plutôt complexe à accueillir.

Pour vous repérer, un livret d'accueil est distribué dans tous les hôpitaux, dans lequel vous trouverez de nombreuses informations pratiques, une présentation de l'établissement et les coordonnées des représentants des usagers.

Rappelez-vous qu'il n'y a pas de question bête : vos interlocuteurs peuvent vous renseigner efficacement et vous devez clarifier rapidement les difficultés pour contribuer à rendre le séjour le plus profitable possible.

L'hôpital de jour

Le révélateur de la situation des aidants est bien souvent l'hospitalisation du proche vulnérable. L'hôpital peut être un relais important au quotidien, pour accompagner et soigner dans les différents services traditionnels que tout le monde connaît (chirurgie, cardiologie, neurologie, cancérologie...).

Mais il existe également une autre activité, mal connue, des hôpitaux, laquelle permet aux personnes malades, âgées ou handicapées de trouver du relais. De nombreux services ont mis en place des accueils sous la forme d'hospitalisation en journée : on parle dès lors d'« hôpital de jour ».

Si les raisons de fréquentation de ces lieux de stimulation et de soins peuvent être diverses (rééducation, apparition des symptômes d'une maladie neurodégénérative comme la maladie d'Alzheimer, troubles psychiques), ils remplissent très souvent un rôle plus méconnu : celui de soutien en urgence aux aidants qui craquent ! La prise en charge reste limitée dans le temps et les places peu nombreuses. La construction d'un « réseau de santé » autour de vous (intervention du généraliste, d'autres professionnels paramédicaux, fréquentation de médecins spécialistes hospitaliers) fera de vous un expert, mais cette diversité nourrit également le parcours de nos proches et offre différentes sonnettes d'alarme quand la situation devient critique. N'oublions pas que l'isolement reste notre principal ennemi.

Gérer sa propre « culpabilité » face aux traitements

Il n'est pas simple pour les aidants de prendre la décision de mettre en place un traitement médicamenteux pour son proche, sur conseil du médecin, surtout lorsque l'on parle de médicaments neuroleptiques. Ces médicaments agissent sur le système neurologique et permettent de faire face à des périodes de crise comportementale (agressivité verbale et/ou physique, dépression, tentatives de suicide). Mais ils jouissent souvent d'une mauvaise réputation en raison de leurs effets secondaires et, plus encore, face aux divers scandales de ces vingt dernières années.

Point de vigilance

De nombreux aidants finissent par accepter l'inacceptable, comme la violence répétée de leur proche, son agressivité liée au syndrome frontal des personnes cérébrolésées, ou encore ses tentatives de suicide à répétition, pour éviter que celui-ci soit « tassé », assommé par les traitements, ou qu'il prenne du poids. Une occasion supplémentaire de s'oublier en tant qu'aidant dans cet accompagnement.

Alors, comment se décider ? Peut-être en commençant par se dire que, dans la vie, rien n'est définitif : nous avons parfois besoin de soutiens extérieurs, face à de nouvelles situations. Un traitement évolue dans le temps, il peut être adapté par votre médecin et arrêté.

Ensuite, considérez que les médecins qui vous proposent une thérapeutique le font dans l'intérêt de votre proche et le vôtre, en chassant cette culpabilité qui vous a traversé l'esprit le temps d'une seconde. Parlez avec votre médecin, échangez avec d'autres aidants. Faites confiance à vos intuitions !

Faire valoir ses droits

Dans le quotidien de chacun, le passage par l'hôpital est anxiogène ; 30 % des patients[8] déclarent même avoir peur lors de leur

8. Baromètre BVA, pour le site Hospitalidée (**www.hospitalidee.fr**), juillet 2016.

hospitalisation, sans que cela concerne la qualité des soins ni la compétence des professionnels. L'hôpital s'est éloigné de la définition de l'hospitalité et a du mal à s'adapter aux besoins des personnes hospitalisées. La question du « prendre soin » est en jeu. On comprend mieux pourquoi nous sommes dans l'ignorance des modes de fonctionnement des hôpitaux. Et, bien souvent, cette ignorance est une perte de chance pour tous.

LA PERSONNE DE CONFIANCE

Depuis 2002, en tant qu'aidant, vous pouvez être désigné par votre proche comme « personne de confiance ». Ce statut est accessible à tous : parents, voisins, amis, médecin traitant... La démarche se fait par écrit sur un formulaire mis à disposition par l'hôpital ou l'établissement d'hébergement, ou sur papier libre. L'intérêt de cette désignation est de pouvoir accompagner la personne aidée dans ses démarches et lors des rendez-vous médicaux. Cela permet également, en cas de perte de la capacité d'expression de la personne aidée, d'être consulté par l'équipe médicale. Pour résumer, cela donne un statut juridique à l'aidant, lui permettant d'être associé aux démarches de santé et d'éclairer la personne vulnérable sur les choix à faire (opérations, traitements, décision en cas de fin de vie...).

Pour plus d'informations : https://www.has-sante.fr/upload/docs/application/pdf/2016-03/da_personne_confiance_v9.pdf

Les directives anticipées

Et la loi ?

Le Code de la santé publique instaure, par les articles L.1111-11 et L.1111-12, le droit pour les personnes majeures d'exprimer leur volonté face à la fin de vie, notamment en ce qui concerne les conditions de poursuite, de limitation, d'arrêt ou de refus de traitements médicaux. Cette initiative peut être prise face à la survenue d'une maladie, ou totalement anticipée lorsque vous êtes en pleine santé. Pour votre proche sous tutelle (sous réserve de l'accord du juge des tutelles ou du conseil de famille), comme pour vous-même, vous pouvez choisir avec lui la façon dont vous souhaitez que se déroule votre prise en charge médicale. Les médecins doivent suivre vos directives, sauf dans les cas d'urgence médicale préalable à un diagnostic précis, ou lorsque la situation de santé ne semble pas relever des directives exprimées.

Les directives anticipées peuvent être exprimées par écrit, sur papier libre, en prenant bien soin de mentionner l'état civil de la personne (nom, prénom et date de naissance), son domicile et l'éventuelle autorisation du juge des tutelles. Pour qu'elles soient prises en compte, leur existence doit être connue de votre médecin traitant, votre famille ou vos amis. Elles peuvent également être mentionnées dans votre dossier médical partagé.

Des modèles sont accessibles sur le site www.service-public.fr avec une explication complète du processus. Vous pouvez également trouver des informations complémentaires sur le site de la Haute Autorité de santé : www.has-sante.fr.

Médecine : trouver les bons praticiens

Point de vigilance

Les médecins savent-ils mieux que quiconque ce qui est le mieux pour nos proches et pour nous ? Pas si sûr. Parfois, face à une situation compliquée, ils ne prennent pas tous le temps de nous écouter, d'évaluer le problème dans son ensemble. Mieux vaut alors prendre l'avis de plusieurs médecins avant de se décider ou trouver l'alternative/solution la plus juste possible.

C'est le cas de cette mère de famille à qui le dentiste a préconisé une extraction dentaire pour sa fille handicapée en souffrance. Par chance, grâce à son relationnel, elle croise la route du réseau Rhapsod'if, des chirurgiens-dentistes d'Île-de-France ayant l'expérience de la prise en charge des personnes en situation de handicap mental et/ou physique (enfants et adultes) et dont les troubles rendent difficile une prise en charge bucco-dentaire dans toutes les structures. Ils prennent le temps nécessaire et programment plusieurs rendez-vous si besoin, afin de mettre le patient en confiance. N'hésitez pas à prendre plusieurs avis, à solliciter votre réseau et surtout à prendre le conseil d'autres aidants pour trouver les praticiens qui vous conviennent et seront à votre écoute.

Pour plus d'informations : http://www.rhapsodif.com

La médecine libérale

La médecine libérale rassemble tous les médecins généralistes et spécialistes exerçant leurs activités dans le privé. Leurs consultations se tiennent dans leur cabinet, parfois à domicile et également en milieu hospitalier ou en établissement d'hébergement.

Les médecins généralistes libéraux constituent un pivot dans la vie à domicile. Ils conseillent et soutiennent les aidants, parfois bien au-delà de leur mission médicale. Cette aide peut être précieuse bien entendu pour un traitement, mais également pour obtenir des adresses d'autres spécialistes pour des investigations complémentaires.

L'infirmière à domicile

L'infirmière à domicile intervient sur ordonnance du médecin pour réaliser des actes de soins et de coordination. Ces soins peuvent être très techniques (injection, pansement, prélèvement, pose de sondes...), mais doivent également permettre à la personne soignée de trouver une aide pour l'accomplissement des actes quotidiens de la vie. L'infirmier peut également participer à l'éducation de l'entourage (on parle d'« éducation thérapeutique ») et organiser le relais avec les travailleurs sociaux.

L'infirmière exerce son activité libérale, souvent au sein de cabinets infirmiers regroupant plusieurs professionnels. La réalité du terrain montre qu'il n'est pas toujours simple d'obtenir ces interventions pour différentes raisons :

» **Le territoire manque d'infirmiers libéraux qui priorisent les actes techniques auprès de leurs patients.**

» Les actes à réaliser peuvent être peu rémunérateurs (par exemple, une toilette « complexe » peut prendre plus de temps que prévu dans la nomenclature, rendant l'acte peu intéressant économiquement).

» La nécessité de déplacement d'un patient à l'autre prend une autre tournure dans des secteurs géographiques complexes ou peu peuplés.

Pourtant, pour les personnes âgées et handicapées, ces professionnels constituent une aide indispensable, souvent quotidienne. Il s'agit d'un maillon précieux pour l'accompagnement à l'autonomie des personnes vulnérables.

L'hospitalisation à domicile (HAD)

L'hospitalisation à domicile est officiellement reconnue depuis la loi hospitalière de 1970. Elle est chargée d'assurer au domicile du malade, pour une période limitée mais révisable en fonction de l'évolution de son état de santé, des soins médicaux et paramédicaux continus et nécessairement coordonnés. Ces soins se différencient de ceux habituellement dispensés à domicile par la complexité et la fréquence des actes.

Les structures d'hospitalisation à domicile sont créées par autorisation et viennent compléter l'offre hospitalière. Moins de lits en hospitalisation complète et davantage de suivi au domicile. Les aidants ont décidément une longue carrière devant eux !

Les équipes mobiles de soins palliatifs

Le saviez-vous ?

En France, 426 équipes[9] mobiles de soins palliatifs, composées de professionnels d'horizons variés (médecins, infirmières, psychologues, éducateurs...), accompagnent des parcours de fin de vie difficile face au cancer, à la maladie chronique. Les équipes se déplacent au domicile des patients ou dans les structures d'hospitalisation. Les

9. Française d'accompagnement et de soins palliatifs, octobre 2019.

équipes mobiles sont également relayées par des unités de soins palliatifs qui accueillent cette fois les patients en milieu hospitalier pour les accompagner et les soutenir dans cette période complexe, en incluant la famille et l'entourage proche.

La plupart du temps, l'orientation vers ces services et ces équipes sera proposée naturellement par les médecins qui suivent votre proche.

Pour plus d'informations : https://soin-palliatif.org

Quelques conseils administratifs

Point de vigilance

Lorsque vous déposez des dossiers de demande de prestations ou que vous correspondez avec les administrations, pensez à bien photocopier tous les documents : personne n'est à l'abri d'une perte de dossier et il est parfois complexe de reconstituer l'intégralité des dossiers médicaux ou des formulaires.

Nous vous recommandons également d'envoyer vos demandes en recommandé avec accusé de réception (ou par une remise contre signature), surtout lorsque la date de dépôt ou de réponse a une particulière importance (la date de dépôt est souvent la date de l'ouverture des droits et du début de la prestation - si celle-ci est notifiée plusieurs mois après, l'attribution est souvent rétroactive).

Enfin, sachez que les documents médicaux vous appartiennent À VOUS, et non au système de santé. Vous avez parfaitement le droit de prendre connaissance des données médicales d'un certificat avant de le transmettre. Vous pouvez également, si vous estimez que les données sont incomplètes ou inexactes, demander au médecin de compléter ou aller consulter un autre médecin.

Les acteurs de la protection des majeurs

En tant qu'aidant, si votre proche n'est pas en mesure de prendre des décisions éclairées sur la gestion de son budget, de son patrimoine et/ou de son quotidien, vous pouvez faire appel au juge des tutelles pour demander la mise en place d'une mesure de protection juridique et la désignation d'un acteur pour l'accompagner ou se substituer à lui. On parle dès lors de curatelle simple ou renforcée, de tutelle, ou encore de sauvegarde de justice.

Et la loi ?

L'article 425 du Code civil résume le principe de la protection des majeurs : « Toute personne dans l'impossibilité de pourvoir seule à ses intérêts en raison d'une altération, médicalement constatée, soit de ses facultés mentales, soit de ses facultés corporelles de nature à empêcher l'expression de sa volonté peut bénéficier d'une mesure de protection juridique prévue au présent chapitre. »

S'il n'en est disposé autrement, la mesure est destinée à la protection tant de la personne que des intérêts patrimoniaux de celle-ci. Elle peut toutefois être limitée expressément à l'une de ces deux missions.

Les acteurs de la protection des majeurs assurent (ou coassurent avec la personne protégée) au quotidien le paiement des factures, la signature des documents légaux (bail, contrat de téléphonie...) et plus généralement l'organisation de la vie quotidienne de la personne.

La maladie, le handicap, l'accident peuvent altérer les facultés d'une personne et la rendre incapable de défendre ses intérêts. Le juge peut alors décider d'une mesure de protection juridique (tutelle, curatelle...) par laquelle une autre personne l'aide à protéger ses intérêts. La protection doit être la moins contraignante possible et en priorité être exercée par la famille. Elle distingue aussi les cas où la personne jouit encore de ses facultés mais est en grande difficulté sociale[10].

Avoir recours à un professionnel indépendant de l'accompagnement social

Il est souvent difficile de s'y retrouver dans la masse d'informations, les aides institutionnelles, les structures à contacter pour trouver des solutions à vos besoins. Vous pouvez vite vous sentir perdu dans ce que vous devez gérer, ne sachant plus par où commencer (outre le fait que vous devez déjà vous occuper de votre proche). Une démarche qui peut rapidement devenir chronophage et anxiogène. Les professionnels de l'aide et de l'accompagnement social, salariés des institutions auxquelles ils sont rattachés, vous apportent des réponses générales et ne sont pas toujours disponibles pour vous répondre de façon approfondie.

Clara Chauchard, technicienne coordinatrice de l'aide psychosociale à l'aidant, fondatrice de Paumy & vous

Depuis quelques années, des professionnels tels que les assistants sociaux se sont lancés en libéral pour pouvoir mieux répondre aux besoins spécifiques de chaque aidant. C'est le cas de Clara Chauchard, technicienne de l'accompagnement social, formée à l'accompagnement des aidants familiaux grâce au diplôme interuniversitaire « Technicien coordinateur de l'aide psychosociale à l'aidant » (TC APSA), à Bordeaux. Elle explique : « Même si cela reste peu courant, de plus en plus d'aidants ont recours à un professionnel indépendant pour gagner du temps, en énergie et en efficacité dans leurs démarches. Sous cette forme, je retrouve l'essence même de mon métier : l'humain. Ainsi je peux être bien plus à l'écoute et apporter un service d'accompagnement de qualité car personnalisé et sur mesure. Sans compter que, si le professionnel éprouve lui-même une qualité dans ses conditions de travail, alors ses résultats n'en sont que meilleurs ! C'est donc en prenant le temps, avec les familles, que j'analyse leur environnement, leurs besoins et leurs ressources. J'identifie des pistes de

10. www.service-public.fr/particuliers/vosdroits/N155.

solutions dans les informations et les dispositifs existants afin de les aider à obtenir des résultats plus rapidement et de constituer avec eux un quotidien adapté.

« Les aidants restent les mieux placés pour avoir une idée de ce qui leur conviendrait. Pour que les solutions soient pérennes, il est primordial qu'ils aient la capacité de choisir. Enfin, je pars du principe que si, par ma pratique, je peux les soulager de certaines contraintes, cela bénéficie aux proches aidés. Je suis convaincue qu'apporter un soutien qualitatif aux familles peut influer positivement sur l'accompagnement de la personne aidée. Il est insuffisant d'accompagner correctement quelqu'un de dépendant lorsque son environnement propre, comme sa famille, n'est pas pris en compte. Si nous ne l'accompagnons que sur les signaux apparents, nous négligeons les conséquences collatérales telles que la pression psychologique qui s'exerce sur les aidants. Mon intervention limite ces dégâts potentiels. Mon ambition est donc de contribuer à la création d'un réflexe chez les aidants afin qu'ils sachent vers qui se tourner : des professionnels formés pour les guider, les orienter, les soutenir et les suivre en cas de difficulté dès que la question de la perte d'autonomie se pose et évolue.

« J'interviens également pour le choix des prestataires comme les aides à domicile, en assurant entre autres la coordination des professionnels. En somme, mon cœur de métier est d'apporter un soutien du diagnostic à la fin de vie en m'adaptant au rythme et aux besoins des familles, et non l'inverse. Les travailleurs sociaux indépendants sont complémentaires des institutions. L'idée est de collaborer, car nos objectifs sont les mêmes : que les familles soient autonomes.

« Mon intervention est bien sûr un investissement. Il n'est malheureusement pas encore pris en charge, mais nous œuvrons tous pour trouver des alternatives. Être entrepreneur social est un engagement pour les autres, mais aussi pour faire évoluer les pratiques. Il faut voir le bénéfice et la valeur ajoutée de ce que l'on apporte : du temps passé avec les familles, de la disponibilité et un appui, une aide à la décision, du soutien psychologique, une réelle prise en compte personnalisée des besoins... Cela fait gagner des mois, voire des années à tout le monde, en temps, en bien-être et en confiance. »

Contact : ensemble@paumyetvous.fr
Site Internet : http://www.paumyetvous.fr
Tél. : 06 95 74 51 15

DANS CE CHAPITRE

Comment s'adresser aux administrations qui peuvent vous aider

•

Savoir évaluer vos besoins et formuler une demande

•

Des conseils pour vous faire gagner du temps

•

Des conseils pour faire valoir vos droits

Chapitre 5
Trouver des aides institutionnelles

L'accompagnement d'une personne âgée ou handicapée implique bien souvent des dépenses complémentaires importantes, nécessitant un soutien particulier de la collectivité. Ce soutien imposera le dépôt d'une demande administrative, laquelle sera ensuite instruite par une équipe composée de différents professionnels (équipe pluridisciplinaire). Très souvent, une visite à domicile est nécessaire pour apprécier l'environnement de la personne aidée, les besoins humains et techniques (aménagement de salle de bains, aides techniques...). Suivra le passage devant une commission qui déterminera le montant de l'aide éventuellement accordée.

En parallèle, vous serez sollicité pour introduire le même type de demande auprès d'autres organismes, comme la mutuelle, l'Agence nationale d'amélioration de l'habitat, le Fonds départemental de compensation...

Point de panique, des travailleurs sociaux rompus aux arcanes des systèmes administratifs peuvent jouer le rôle de facilitateur et vous simplifier la vie.

Évaluer ses besoins

Quel que soit le processus d'évaluation (pour obtenir des heures d'auxiliaire de vie par le Conseil départemental, pour obtenir une pension d'invalidité de la Sécurité sociale ou pour réparer un dommage corporel), la charge de la preuve appartient au demandeur. Vous vous trouvez dès lors dans un exercice périlleux : l'envie de valoriser l'autonomie de votre proche, ses progrès et ses efforts, mais également la nécessité de présenter la réalité du handicap et des besoins pour obtenir des prestations.

Un exercice de vérité

La justice et les institutions attendent de votre part des éléments de preuve raisonnables pour étayer le diagnostic médical et assurer l'équité de traitement. Vous pouvez vous faire aider par des professionnels de santé (médecins, kinés, orthophonistes...) pour attester des difficultés de vos proches.

Si vous faites face aux conséquences d'un accident et que l'aide humaine vise à compenser les conséquences des séquelles causées par un tiers responsable, faites-vous conseiller par des professionnels du droit spécialisés dans la matière (inutile de prendre un avocat qui fait du droit commercial pour faire valoir les séquelles d'un accident de la route). Choisissez un spécialiste du dommage corporel. Les associations sont là pour vous aider.

Il est important que vous preniez connaissance des certificats médicaux avant de les envoyer, pour vous assurer qu'ils correspondent à la réalité. Les professionnels ont parfois une vision de l'autonomie de votre proche assez lointaine de votre réalité.

Enfin, vous pouvez établir un planning type quotidien ou hebdomadaire qui permette d'accompagner votre proche. Cela illustrera les besoins au quotidien pour les membres de la commission et permettra également de construire un futur planning d'intervention avec des intervenants extérieurs.

Une demande cohérente

Assurez-vous que vos arguments entrent dans les conditions d'attribution de la prestation. Par exemple, il est inutile d'arguer des besoins de ménage de votre proche en situation de handicap, ce type de demande n'est pas éligible pour la Prestation de compensation du handicap (PCH) aide humaine. Des centaines de ressources sont accessibles en ligne ; les associations peuvent également vous renseigner sur le fonctionnement du système, ainsi que les institutions elles-mêmes.

Soyez aussi conscient que les aides humaines financées par les collectivités sont rarement dédiées à l'entretien du cadre de vie : une auxiliaire de vie sociale doit aider à faire faire, ou faire avec la personne les actes essentiels de la vie quotidienne, mais n'a pas vocation à faire briller quotidiennement l'argenterie ou à briquer les lustres. Son intervention peut en revanche favoriser la participation à la vie sociale (aider à créer du lien social, à participer à des activités dans la cité, à accompagner la parentalité de personnes handicapées).

D'autres prestations comme l'aide ménagère liée à l'aide sociale existent sous conditions de ressources et dépendent souvent des CCAS et du Règlement départemental d'aide sociale, mais également des caisses de retraite et des groupes de protection sociale.

En cas de recours

Une première décision est toujours susceptible de recours si vous estimez que la proposition en volume d'heures ne correspond pas aux besoins réels de votre proche : un recours gracieux et un recours contentieux sont toujours possibles, les voies de recours étant mentionnées sur les propositions adressées par le Conseil départemental ou la MDPH. Il vous appartiendra en ce cas d'apporter le maximum d'éléments complémentaires pour étayer votre demande.

Le saviez-vous ?

Lors des recours, présentez-vous avec votre proche devant les commissions pour expliquer votre point de vue : en face de vous, des femmes et des hommes peuvent ainsi mieux saisir la demande que sur un banal formulaire.

Demander une aide sociale

Le saviez-vous ?

Le financement de l'action sociale en France nécessite d'introduire pour certaines prestations une demande d'aide sociale auprès du Conseil départemental. Ce dossier d'aide sociale évalue les ressources et le patrimoine de la personne vulnérable, puis décide ou non de financer le coût d'un accueil de jour ou d'un hébergement en maison de retraite médicalisée, par exemple. Le Conseil départemental peut également, en cas de « retour à meilleure fortune » (du vivant de la personne si sa situation économique s'améliore) ou après le décès de la personne vulnérable, se rembourser des montants engagés au titre de l'aide sociale sur la succession de la personne décédée.

La prise en compte du patrimoine

Le saviez-vous ?

Frédéric Hild, conseiller en gestion de patrimoine, travaille sur ces enjeux liés au patrimoine des personnes vulnérables et de leurs familles. Il nous présente le processus d'aide sociale en trois étapes importantes (se référer au tableau de la page suivante pour les détails).

1. La participation financière de la personne vulnérable accompagnée, accueillie ou hébergée. L'aide sociale est considérée comme subsidiaire, c'est-à-dire que le Conseil départemental ne finance l'aide requise que si la personne vulnérable ne peut pas financer elle-même son accompagnement, son accueil ou son hébergement. Ses ressources sont donc étudiées pour déterminer quelle sera la part financée par la personne vulnérable et quelle sera celle éventuellement financée par le Conseil départemental. La règle générale est que la participation demandée est de 90 % des ressources (salaires, loyers, revenus de placements) de la personne vulnérable, les intérêts des placements étant eux-mêmes considérés comme des ressources. Un minimum de ressources doit être laissé à la disposition de la personne vulnérable. Pour une personne âgée, les ressources des obligés alimentaires seront également prises en considération (ascendants, descendants, gendres et belles-filles).

2. La constitution d'une dette d'aide sociale par le Conseil départemental. Dans la plupart des cas et sauf décision contraire du Conseil départemental, l'aide sociale versée pour l'aide ou l'accompagnement à domicile, l'accueil de jour, l'hébergement en foyer ou en maison de retraite peut faire l'objet d'une récupération. La personne vulnérable ayant ainsi une « dette » vis-à-vis du Conseil départemental, celui-ci peut être autorisé à prendre une hypothèque légale sur les biens immobiliers de la personne vulnérable.

3. La récupération de l'aide sociale. Elle porte sur le patrimoine de la personne vulnérable bénéficiaire de l'aide sociale. Ses obligés alimentaires ou ses héritiers ne sont donc pas redevables du remboursement sur leurs propres biens. Pour une personne handicapée, le recours en récupération ne peut s'exercer qu'au moment de son décès. Pour une personne âgée, ce recours peut s'exercer sur sa succession mais aussi sur les donations qu'elle a effectuées dans les dix années précédant la demande d'aide sociale ou sur l'éventuel accroissement de son patrimoine (« retour à meilleure fortune »).

Ce processus d'aide sociale invite les proches aidants à étudier en détail les règles qui s'appliquent pour leur proche vulnérable dès qu'il bénéficie d'une aide sociale. Les contraintes spécifiques qui en découlent ne devraient pas être de nature à infléchir le projet de vie, mais plutôt à réfléchir à la meilleure organisation des ressources et du patrimoine afin de s'y adapter dans les meilleures conditions.

Des professionnels spécialisés peuvent alors être consultés (assistants sociaux, avocats, conseils en gestion de patrimoine, notaires) pour établir les réponses adaptées.

Aide sociale et participation des personnes vulnérables

Prestations	Personne handicapée	Personne âgée
Aide et accompagnement		
Aide à domicile (aide ménagère, portage de repas)	Non, sauf décision contraire du Conseil départemental	Non, sauf décision contraire du Conseil départemental
SAVS (Service d'accompagnement à la vie sociale)	Non, sauf décision contraire du Conseil départemental	Non concernée
Samsah (Service d'accompagnement médico-social pour adultes handicapés)	Non, sauf décision contraire du Conseil départemental	Non concernée
Accueil et hébergement		
Centre d'accueil de jour (CAJ)	Non, sauf décision contraire du Conseil départemental	Non concernée
Foyer d'hébergement, de vie ou d'accueil médicalisé	Oui, minimum laissé 30 % de l'allocation adulte handicapé (majorations possibles)	Non concernée
Maison d'accueil spécialisée (MAS)	Non, mais forfait journalier	Non, mais forfait journalier
Maison de retraite médicalisée, Ehpad	Oui, minimum laissé 30 % de l'allocation adulte handicapé (majorations possibles)	Oui, minimum laissé à disposition = 10 % minimum vieillesse, obligés alimentaires

Aide sociale et hypothèque

Prestations	Personne handicapée	Personne âgée
Aide et accompagnement		
Aide à domicile (aide ménagère, portage de repas)	Non	Non
SAVS (Service d'accompagnement à la vie sociale)	Non	Non concernée
Samsah (Service d'accompagnement médico-social pour adultes handicapés)	Non	Non concernée
Centre d'accueil de jour (CAJ)	Non	Non concernée
Foyer d'hébergement, de vie ou d'accueil médicalisé	Oui	Non concernée
Maison d'accueil spécialisée (MAS)	Non	Non
Maison de retraite médicalisée, Ehpad	Oui	Oui

Aide sociale et récupération

Prestations	Personne handicapée	Personne âgée
Aide et accompagnement		
Aide à domicile (aide ménagère, portage de repas)	Oui, à partir de 46 000 € de patrimoine et en cas de retour à meilleure fortune	Oui, à partir de 46 000 € de patrimoine et en cas de retour à meilleure fortune
SAVS (Service d'accompagnement à la vie sociale)	Non, sauf décision contraire du Conseil départemental	Non concernée
Samsah (Service d'accompagnement médico-social pour adultes handicapés)	Non, sauf décision contraire du Conseil départemental	Non concernée
Accueil et hébergement		
Centre d'accueil de jour (CAJ)	Oui, sauf si héritiers = parents, enfants ou personne ayant assuré la charge	Non concernée
Foyer d'hébergement, de vie ou d'accueil médicalisé	Oui, sauf si héritiers = parents, enfants ou personne ayant assuré la charge	Non concernée
Maison d'accueil spécialisée (MAS)	Non	Non
Maison de retraite médicalisée, Ehpad	Oui, sauf si héritiers = parents, enfants ou personne ayant assuré la charge	Oui, sur succession, donation et retour à meilleure fortune

L'ensemble de ces tableaux a été réalisé par Frédéric Hild, de Jiminy Conseil.

Pour plus d'informations : http://www.jiminyconseil.com

La Maison départementale des personnes handicapées (MDPH)

La MDHP a été créée suite à la loi de février 2005. Elle est devenue l'interlocutrice principale des personnes en situation de handicap, quel que soit leur âge. Dans certains départements, elle se nomme désormais Maison de l'Autonomie, regroupant ainsi les équipes en charge du soutien aux personnes âgées et aux personnes handicapées.

Elle instruit dans chaque département des dizaines de milliers de demandes chaque année, statuant sur l'attribution des cartes, des aides financières ou des accueils en établissement spécialisé. Il s'agit d'un groupement d'intérêt public rassemblant différents acteurs (associations, financeurs, établissements et services d'accompagnement, Éducation nationale...).

Toutes les prestations et leurs réglementations sont définies dans le Code de l'action sociale et des familles, ainsi que dans de nombreux décrets relatifs à la loi de 2005.

Vous pouvez vous adresser à la MDPH si vous avez besoin pour votre proche :

» d'une carte d'invalidité ou de priorité, avec besoin d'accompagnement ou station debout pénible ;

» d'une carte européenne de stationnement ;

» d'une allocation comme l'allocation adulte handicapé ou l'un de ses compléments ;

» d'une aide humaine pour un enfant ou un adulte en situation de handicap ;

» d'une aide technique, animalière, d'un aménagement de véhicule ou d'habitat, d'une aide spécifique (financement de protections urinaires, ou départ en séjour de vacances adapté) ;

» d'un accueil temporaire ou permanent dans un établissement médico-social (hébergement, travail accompagné...) ;

» d'un accompagnement à domicile par un service médico-social ;
» d'une orientation vers un centre de formation professionnelle adapté aux personnes en situation de handicap.

Franchissez le seuil de votre MDPH et demandez un formulaire. Et, bien sûr, vous trouverez à nouveau de nombreuses informations sur Internet ou auprès d'autres aidants dans des associations.

La Prestation de compensation du handicap (PCH) et l'Allocation personnalisée d'autonomie (APA)

L'enjeu le plus important lorsque l'on accompagne une personne dépendante, c'est d'assurer une présence plusieurs fois par jour auprès d'elle, pour le lever, le coucher et le passage aux toilettes, la toilette, l'alimentation. Sans parler de besoins plus élaborés, tels que la participation à la vie sociale, les déplacements liés aux parcours de soins, l'entretien de son cadre de vie. Il est aisé de comprendre que cette situation mobilise les aidants vingt-quatre heures sur vingt-quatre. Pour soulager ces aidants, ou permettre aux personnes isolées de vivre accompagnées, les Conseils départementaux et les MDPH allouent des aides financières. Pour les personnes en situation de handicap, cette aide s'appelle la Prestation de compensation du handicap (PCH) aide humaine, et, pour les personnes âgées, l'Allocation personnalisée d'autonomie (Apa). Ces deux prestations sont évaluées par le biais de deux référentiels distincts, le Geva[11] (Guide d'évaluation des besoins de compensation des personnes handicapées) et la grille Aggir[12] (Autonomie, Gérontologie, Groupes Iso-Ressources) pour les personnes âgées.

---

11. https://www.cnsa.fr/documentation-et-donnees/formulaires/version-graphique-du-geva-et-son-manuel.

12. https://fmh-association.org/grille-aggir-comment-evaluer-la-perte-dautonomie.

La PCH aide humaine

Cette prestation peut être allouée à des enfants comme à des adultes, qu'ils soient au domicile ou en établissement. Les règles diffèrent en fonction de la situation, ainsi que les montants mobilisables. Le site **service-public.fr** explique les conditions d'accès à cette prestation :

« Pour pouvoir bénéficier de la PCH aide humaine, votre proche doit rencontrer :

» une difficulté absolue pour la réalisation d'une activité (mobilité, l'entretien personnel (hygiène et élimination, le fait de se repérer dans le temps et l'espace, et de pouvoir assurer sa propre sécurité...). La difficulté à accomplir ces activités est qualifiée d'absolue lorsqu'elles ne peuvent pas du tout être réalisées par la personne handicapée ;

» ou une difficulté grave pour la réalisation d'au moins deux activités. La difficulté à accomplir ces activités est qualifiée de grave lorsqu'elles sont réalisées difficilement et de façon altérée par la personne. »

Des prestations différenciées par l'âge

Pour ouvrir droit à cette prestation (aide humaine), il faut que la situation de handicap soit intervenue avant les 60 ans de la personne et que la demande soit faite avant ses 75 ans. Une exception toutefois : les personnes en situation de handicap qui travaillent encore après 60 ans peuvent également bénéficier de la prestation (si elles remplissent les conditions décrites plus haut).

La PCH aide humaine ne finance pas les besoins d'entretien du cadre de vie (faire le ménage, préparer les repas, faire les courses). Pensez bien à cette limitation en établissant votre demande administrative et en rédigeant le projet de vie. Pour le reste des éléments de la PCH, l'éligibilité est plus large que la règle ci-dessus.

La PCH aides techniques

Cette aide financière permet de participer au financement des équipements liés à la perte d'autonomie. Par exemple, l'achat d'un fauteuil roulant, d'un déambulateur, d'une barre d'appui, d'une planche de transfert pour la baignoire. Elle intervient de manière subsidiaire (c'est-à-dire après avoir mobilisé toutes les aides légales allouées par la CPAM). Elle peut également être complétée par d'autres aides, notamment par les Fonds de compensation départementaux.

Des restes à charge malgré les aides

Les personnes vulnérables ont très souvent des revenus inférieurs au seuil de pauvreté en France. Les restes à charge pour l'acquisition d'aides techniques sont très souvent insurmontables financièrement. Comme pour les soins médicaux, de nombreuses personnes modestes renoncent à s'équiper.

LES FONDS D'ACTION SOCIALE

Si votre proche en situation de handicap a travaillé, ou si vous avez un lien de parenté avec une personne handicapée ou âgée et avez travaillé, vous pouvez prétendre à des aides sociales individuelles allouées par les caisses de retraite complémentaire. Il s'agit d'un dossier individuel à constituer avec vos interlocuteurs en caisse régionale. Pour connaître le groupe à contacter, entrez votre numéro de Sécurité sociale ou celui de votre proche à cette adresse : https://espace-personnel.agirc-arrco.fr/public/#/dopli

La PCH aménagement du logement, du véhicule ou surcoûts liés au transport

Lorsque la situation de handicap l'impose, il devient nécessaire d'aménager son logement (élargissement des portes, aménagement de la salle de bains pour créer une douche accessible...). Ces frais liés à la mise en accessibilité du logement peuvent également être pris en charge de manière partielle par la PCH aménagement du logement. Cette prestation peut également s'appliquer à l'aménagement du poste de conduite, voire du véhicule, ainsi qu'à certains surcoûts liés aux transports.

La PCH aides spécifiques ou exceptionnelles

Il est fréquent d'avoir des besoins imprévus (réparation d'un fauteuil roulant, mise en place d'une téléassistance, financement de protections urinaires…) ou complémentaires à la vie courante, comme le financement de vacances adaptées. La PCH peut permettre une prise en charge à hauteur de 1 800 € pour une période de trois ans. Vous pouvez mentionner ces besoins dans l'emplacement « projet de vie » du formulaire de la MDPH.

LA PCH aide à la parentalité

Depuis le 1er janvier 2021, seize ans après la promulgation de la loi de février 2005 qui instaurait la PCH, les parents en situation de handicap peuvent bénéficier d'aides humaines complémentaires et spécifiques pour compenser les difficultés liées à leur handicap, dans le cadre de leur rôle de parent. Bien que la prestation ait été limitée aux enfants en bas âge (de 0 à 7 ans), elle permet l'attribution d'un montant forfaitaire de 450 € à 1 350 € pour financer une présence humaine nécessaire au parent pour accomplir ce que le handicap ne lui permet plus. Si cette initiative est amenée à être évaluée aux termes d'une période de douze mois, c'est une avancée très positive face aux milliers de parents concernés, pour lesquels la seule solution envisagée était parfois le placement des enfants. Il semble plus que jamais nécessaire d'élargir cette prestation bien au-delà car, en dehors de la compensation physique, une guidance peut s'avérer indispensable bien au-delà des 7 ans de l'enfant.

Pour plus d'informations :
https://www.service-public.fr/particuliers/actualites/A14581

L'AFFILIATION À LA CAISSE DE RETRAITE DES AIDANTS

Les aidants qui ont interrompu leur carrière pour s'occuper de leur proche parent ou qui ont réduit leur temps de travail peuvent obtenir des trimestres de retraite. Cette mesure est conditionnée par le taux d'incapacité du proche (la personne doit être titulaire de la carte d'invalidité MDPH à 80 %) et subordonnée à un plafond de ressources. La demande est introduite par le biais du formulaire MDPH. Cette prestation assurera gratuitement la continuité des droits à la retraite (versement des cotisations à la caisse de retraite) pour les personnes en lien de parenté et d'affiliation. Les aidants qui souhaitent bénéficier de cette affiliation doivent remplir un formulaire et l'envoyer à la MDPH.

Une fois la prestation accordée, l'interlocuteur sera la Caf ou la MSA si vous êtes salarié ou exploitant agricole. Un trimestre de retraite est octroyé par période de trente mois de prise en charge permanente, mais ne peut dépasser huit trimestres pour l'aidant (deux ans).

Formulaire Cerfa n° 14104*01 :
https://www.service-public.fr/particuliers/vosdroits/R1612

Le Conseil départemental

Pour les personnes âgées, les demandes de soutien (financement de l'aide humaine, des aides techniques...) transitent par les services sociaux du département. Ces services peuvent décider, après évaluation de l'autonomie de la personne âgée, de lui attribuer l'Allocation personnalisée d'autonomie (Apa).

L'Allocation personnalisée d'autonomie

Celle-ci peut être versée quand la personne est au domicile ou lorsqu'elle séjourne dans un établissement d'hébergement pour personnes âgées dépendantes. Le montant de cette Apa dépendra donc du lieu de résidence, mais également du niveau de dépendance constaté. Pour déterminer le montant de la prestation, les travailleurs sociaux s'appuient sur la grille Aggir qui permet de classer les demandeurs par Groupe Iso-Ressources (GIR). Pour les personnes les plus autonomes (GIR 6 et 5), il n'y a pas d'ouverture de droit à l'Apa. En revanche, elles peuvent solliciter le CCAS ou leur caisse de retraite, qui financent partiellement l'aide ménagère, mais également des besoins liés.

Pour les personnes lourdement dépendantes, l'Apa peut atteindre 1 747,59 € par mois. Si ce montant peut sembler important à des personnes extérieures à ces situations, il est bon de rappeler qu'une heure d'auxiliaire de vie sociale en mode prestataire coûte entre 17,77 € et 30 €. La personne peut donc payer entre soixante et cent heures d'intervention en fonction du tarif, soit deux à trois heures par jour. Lorsque l'on accompagne une personne touchée par la maladie d'Alzheimer nécessitant une surveillance continue, l'aide est bénéfique mais largement insuffisante pour permettre à la personne de rester à son domicile. La question du soutien aux aidants est là encore cruciale, car ils assurent une réelle mission d'utilité publique pour les personnes vulnérables.

La Caisse d'allocations familiales (Caf)

La Caf sert des prestations auxquelles vous avez peut-être droit en tant qu'aidant. Parmi les aides, il existe :

» l'allocation journalière de présence parentale : pour vous occuper de votre enfant gravement malade, accidenté ou handicapé ;

» l'allocation de soutien familial ou tiers accueillant : si vous êtes père et mère de l'enfant et si vous vivez seul et/ou si l'un des deux parents ne participe pas à l'entretien de l'enfant depuis au moins un mois ;

» **l'allocation d'éducation de l'enfant handicapé : cette prestation aide dans l'éducation et les soins à apporter à votre enfant handicapé.**

Dans le cadre de son action sociale, la Caf peut financer des équipements et des services pour faciliter la vie quotidienne et/ou aider les familles qui rencontrent des difficultés financières, sociales... Des aides spécifiques peuvent être accordées selon les situations.

Quelle que soit votre situation, renseignez-vous et faites valoir vos droits.

La Caisse primaire d'assurance maladie (CPAM) et la Mutualité sociale agricole (MSA)

Très souvent, les institutions ont en leur sein des fonds sociaux spécifiques dont le but est d'aider à faire face aux situations inhabituelles et non prévues. Si ces fonds restent limités, ils existent et peuvent être mobilisés pour vous aider matériellement.

L'accès aux soins

Des aides sont possibles pour vous permettre, lorsque les soins sont médicalement justifiés, de faire face aux dépenses partiellement ou non remboursées :

» **frais dentaires (prothèses, orthodontie, etc.) ;**

» **frais d'optique (lunettes, lentilles, loupes, réparation de montures, verres, matériels divers) ;**

» **frais auditifs (prothèses, réparation, matériels divers) ;**

» **frais hospitaliers (forfait journalier – si l'assuré avait une mutuelle pendant l'hospitalisation) ;**

» **autres soins (fournitures pharmaceutiques, petit appareillage non remboursable, ticket modérateur, etc.) ;**

» complémentaire santé : une aide pour financer une couverture complémentaire santé, dans les deux cas suivants :

- en plus du chèque santé (ACS), si c'est la première fois que vous en bénéficiez ou si vous êtes en situation de renouvellement de votre contrat de mutuelle ;
- si vous êtes malade et avez des difficultés pour financer votre mutuelle.

La perte de salaire

Une aide exceptionnelle peut être attribuée pour venir compenser un déséquilibre de votre budget en cas de baisse ou d'absence de revenus, due à une maladie, une maternité, un accident de travail, un décès...

» Factures diverses (logement, besoins alimentaires).

» Frais d'obsèques (assurés de moins de 18 ans).

» Aide financière en attendant un revenu de substitution (arrêt maladie, invalidité, accident du travail).

» Retour et maintien à domicile (une participation aux frais d'aide ménagère peut être accordée en cas d'isolement familial ou géographique, par exemple lors d'une sortie d'hospitalisation).

» Interventions de garde-malade auprès d'un patient en fin de vie.

Les aides aux personnes en situation de handicap

Concernant les aides aux personnes en situation de handicap, une aide peut être attribuée pour :

» faciliter l'adaptation du logement ;

» financer un appareillage (auditif, à la déambulation et au transport) ;

» financer des aides ménagères ;

» financer d'autres besoins (lits, fournitures d'hygiène...).

Les Caisses d'assurance retraite et de santé au travail (Carsat)

Les Carsat sont des organismes de la Sécurité sociale. Chaque région en possède une. Chacune propose des services dans le but de soutenir les proches aidants. Certaines proposent des actions d'accompagnement telles que :

» des actions de prévention (atelier nutrition, sport, etc.) ;

» des aides aux vacances ;

» des aides et un soutien psychologiques ;

» des aides au maintien du lien social ;

» des aides ménagères à domicile, pour les courses, la préparation des repas ;

» des groupes d'expression et de soutien, d'échange et d'information ;

» des sorties accompagnées.

Pour plus d'informations : http://www.lassuranceretraite.fr/portail-info/home/retraites/nos-contacts.html

Les Centres locaux d'information et de coordination gérontologique (Clic)

Les Centres locaux d'information et de coordination gérontologique (Clic) sont des guichets d'accueil de proximité, d'information, de conseil et d'orientation destinés aux personnes âgées et à leur entourage. Vous serez en contact avec des professionnels comme les assistants sociaux, les psychologues qui seront à votre écoute. Ils vous aideront à trouver des solutions concrètes par rapport à votre situation et aux problèmes que vous rencontrez au quotidien (aide à la personne, aides financières, accueil de jour, aménagement du domicile de la personne accompagnée...). Ces professionnels sont là pour évaluer les besoins de la personne aidée, mettre en place un plan d'aide individualisé, vous mettre en relation avec des professionnels de la santé et de l'accompagnement à domicile, faciliter les démarches auprès des organismes sociaux, etc.

Pour trouver un Clic proche de chez vous, rendez-vous sur le site www.pour-les-personnes-agees.gouv.fr/resultats-annuaire.

Les Centres communaux d'action sociale (CCAS)

Les CCAS sont présents non seulement dans la plupart des communes de plus de 1 500 habitants, mais également dans les intercommunalités. Ils sont là pour constituer des demandes d'aides sociales ou médicales. Ils sont en relation avec toutes les associations et organismes d'aide à la personne proches de votre domicile (aides ménagères, auxiliaires de vie...). Si vous ne trouvez pas de CCAS près de chez vous, adressez-vous à votre mairie.

Pour plus d'informations : http://www.unccas.org/vos-contacts

Les groupes de protection sociale

Pour les personnes vulnérables, comme pour leurs proches, il existe des acteurs indispensables dans le quotidien de nombreux aidants : les groupes de protection sociale. Intervenant dans le domaine de la retraite complémentaire, de la prévoyance et de la mutuelle, ces acteurs disposent également de fonds sociaux pour des aides individuelles, pour faire face à des situations individuelles complexes : difficultés économiques, précarité énergétique, survenue d'un handicap, entrée en dépendance...

Pour connaître le groupe de protection sociale dont vous ou votre proche dépendez, il suffit d'interroger l'entreprise pour laquelle vous ou votre proche travaillez (ou avez travaillé). Ensuite, il faut prendre contact avec le service Action sociale régional qui saura vous expliquer si une aide individuelle est susceptible de vous être allouée. Ces aides ponctuelles sont présentées ensuite aux commissions sociales qui décident, en fonction de leurs règles, d'apporter ou pas un soutien financier ponctuel.

Pour trouver le groupe de protection sociale dont vous dépendez, rendez-vous sur le site https://espace-personnel.agirc-arrco.fr/public/#/dopli.

Des dispositifs similaires existent dans la plupart des mutuelles. Il vous appartient de rechercher le bon interlocuteur, en appelant directement votre mutuelle. Dans ce cas, l'intervention peut prendre la forme d'une réduction temporaire de la cotisation que vous payez.

L'aide au départ en vacances de l'ANCV

L'Agence nationale des chèques vacances (ANCV) propose des dispositifs d'aide au départ en vacances destinés à différentes catégories de personnes comme les travailleurs d'Esat, les personnes dépendantes et leurs aidants, les seniors en situation de fragilité économique et sociale, etc.

Pour plus de détails, consultez le site : www.ancv.com

DANS CE CHAPITRE

Comprendre ce qui se passe en vous

•

Se poser des questions pour vivre la situation avec plus de sérénité

•

Sortir de la culpabilité

Chapitre 6
Comment bien vivre sa situation de proche aidant

Être aidant ne se décrète pas. Ça vous tombe dessus sans crier gare. Vous gérez comme vous le pouvez, dans l'urgence, avec les moyens du bord. Peu à peu, la situation s'installe et vous devenez aidant sans vous en rendre compte. C'est le cas pour la majorité des aidants : 6 sur 10 ne savent pas qu'ils le sont.

Ils ne se reconnaissent pas comme tels, ne voient pas la nécessité d'entrer dans une case pour se définir et s'identifier, résultante d'un consensus mou trouvé par les « non-aidants », disent certains, même si ce terme a le mérite d'exister – un mot de référence pour mettre en lumière des situations vécues par des millions de personnes en France, pour qu'elles soient reconnues et existent aux yeux de la société. Mais il y a cette impression aussi que ces aidants ne sont visibles qu'à travers des statistiques, comme si les personnes s'effaçaient pour n'être plus que des chiffres, des « dispositifs » à utiliser parmi d'autres. Comme si elles participaient d'un système qui ne leur apporte pas d'aide ou qui laisse croire que les aidants ne peuvent pas recourir à d'autres aides extérieures et qu'ils ne peuvent compter que sur eux-mêmes.

D'autres diraient qu'ils préfèrent le mot « aimant » parce qu'il faut beaucoup d'amour pour être un aidant. Certains, quand il existe des conflits avec le proche aidé, agissent plus par devoir.

Quoi qu'il en soit, pour la société, être aidant est un état de fait, comme s'il n'y avait pas d'autre choix. Cela sonne comme une injonction.

En accomplissant les tâches les unes après les autres, vous entrez dans une spirale qui vous accapare. Vous devenez une « machine à faire », à programmer, à anticiper. L'aspect logistique prend le pas sur le reste, sur la relation avec votre proche. Tout devient urgent et prioritaire. La prise de recul n'existe plus, l'accompagnement venant bien souvent s'ajouter à la vie familiale, voire professionnelle.

L'investissement est d'autant plus lourd que la personne aidée souffre de troubles cognitifs, selon le 3e Baromètre de la Fondation Médéric Alzheimer/Malakoff Humanis. Ainsi, 74 % des aidants de personnes atteintes de la maladie d'Alzheimer déclarent se sentir obligés d'être « joignables à tout moment », contre 69 % des aidants de parents âgés. 41 % des aidants de malades d'Alzheimer disent également « organiser sa prise en charge », 36 % « vérifier ce qu'il fait » et 17 % « faire sa toilette, l'habiller et l'aider à prendre ses repas ». Des proportions à chaque fois significativement plus importantes que chez les aidants de parents âgés. Cela l'est également pour les autres types d'accompagnement liés au handicap et à la maladie. Personne ne vous le dit vraiment, mais tout le monde compte sur vous. Vous, au premier chef, pensez que vous devez tenir bon coûte que coûte. Vous êtes le pilier. Vous avez le sentiment que vous ne devez pas faillir. Vous inventez des solutions, des stratégies pour faciliter la vie de votre proche, rendre sa vie le plus douce possible. Mais ce n'est jamais assez. Et vous en faites encore et toujours plus. Vous êtes comme un marathonien qui court dans un stade vide de spectateurs et en fait le tour sans jamais s'arrêter. Est-ce possible ? Bien sûr que non !

Vous tenez bon, mais à force de tirer sur la corde, vous entrez dans la zone rouge, celle de vos limites. Vous n'arrivez plus à écouter les signaux que vous envoie votre corps jusqu'à l'épuisement émotionnel, psychique et physique.

Or, aucun humain ne peut tenir ce rythme sur le long terme, pas plus vous qu'un autre. Vos forces doivent aussi être renouvelées… pour durer.

Vous portez vos proches à bout de bras, sacrifiant votre quotidien, vous oubliant dans la souffrance de celui ou de celle que vous accompagnez. À force de ne pas entendre les signes de fatigue et d'épuisement, c'est comme si vous ne vous accordiez pas d'importance, comme si votre vie avait moins de valeur que celle de votre proche aidé. Le croyez-vous vraiment ? Pour le dire plus clairement, vous risquez d'y laisser votre peau. Vous-même, à bout de forces, risquez de développer une maladie chronique ou une autre pathologie pouvant vous handicaper au quotidien. Vous entrez alors dans un cercle vicieux qui va mettre en danger, du coup, tout l'investissement et le temps que vous consacrez à votre proche.

Bien sûr, c'est le pire scénario à envisager, le tableau d'un futur délibérément peint en noir. Tout dépend du parcours de chacun, de son histoire familiale, de son environnement, de l'aide apportée, des relations tissées au fil du temps… Ce scénario a pour objectif de vous faire prendre conscience de l'aide que vous apportez à votre proche, de ce qui se joue, du moment où vous en êtes de votre vie et de l'impact de cet accompagnement sur votre existence. Il est possible de changer la donne, d'inverser la tendance, pour devenir acteur de cet accompagnement et ne plus le subir, même si cela fait déjà quelques années que vous apportez votre aide. Il sera certes difficile de changer des habitudes bien ancrées. Il s'agit de trouver un juste équilibre pour assurer cet accompagnement sans vous oublier, et surtout sans culpabiliser. L'objectif est de dépasser ce conflit intérieur qui vous ronge pour vous reconnecter à vos propres besoins, vos envies, votre élan de vie, renouer avec ce qui vous fait du bien, vous apporte du réconfort. Vous êtes bien plus qu'un aidant. Vous êtes là par amour, par loyauté. Ou parce que la situation d'urgence l'exigeait… peu importe. Mais ce rôle, vous avez le choix de l'endosser ou pas. Le but est de savoir quel rôle vous souhaitez vraiment tenir et jusqu'où. Notre intention est de vous aider à vous poser les bonnes questions pour vous permettre d'ajuster votre relation avec votre proche. Car le meilleur moyen de prendre soin de lui, c'est de prendre soin de vous.

Les questions à se poser

Pour nous, les aidants, il est important de reconnaître ce que nous vivons intérieurement. D'abord pour mieux le vivre, mais avant tout pour pouvoir expliquer et témoigner autour de nous de la complexité de ce quotidien. Nos repères et nos priorités sont chamboulés face au handicap, à la maladie et/ou au vieillissement. Des questionnements parfois très noirs surgissent dans un contexte d'isolement, de solitude et ils n'ont parfois pas de réponse immédiate, notamment sur l'avenir de notre proche.

Voici quelques questions auxquelles nous avons dû faire face dans nos propres parcours et qui, pour certaines, resteront à jamais sans réponse.

- » Qu'est-ce que j'ai fait de travers ?
- » Qu'est-ce que j'aurais dû faire ?
- » Et moi, dans tout ça, quand est-ce que j'existe ?
- » Est-ce que je fais les bons choix ?
- » Combien de temps cela va-t-il encore durer ?
- » Et si je craque, qui prendra la suite ?
- » Quel sens a toute cette souffrance ?
- » Pourquoi dois-je y faire face seul ?
- » Quand est-ce qu'ils comprendront mon quotidien ?
- » Quand pourrai-je penser à moi et à quel moment pourrai-je passer le relais ?
- » Comment faire comprendre que j'ai besoin d'aide sans me sentir jugé et doublement culpabilisé ?

- Comment faire comprendre à mon proche que j'ai besoin de souffler sans avoir le sentiment de l'abandonner ?

Et plus on va mal, moins on arrive à s'ouvrir aux autres, à demander de l'aide.

Se reconnaître formidable mais aussi vulnérable

Et si, pour une fois, vous regardiez la bouteille à moitié pleine, vos potentialités et vos réalisations, et tout ce qui arrive grâce à votre implication ?

Mettez la désespérance de côté. Vous avez acquis en peu de temps des compétences et des aptitudes dans de nombreux domaines. Vous savez composer avec les incertitudes, vous avez évolué. Vous faites preuve de force, d'agilité, d'indulgence, d'empathie. Du soin aux démarches administratives, vous êtes l'expert du quotidien. Malgré les difficultés, cette expérience accélère les apprentissages de la vie. Elle est forcément marquante, initiatique même. Vous en sortez grandi et elle peut vous aider à appréhender d'autres événements, à prendre du recul sur les « petits » problèmes de l'existence et à aller droit à l'essentiel.

Prenez le temps de répondre à quelques questions pour prendre conscience de votre force.

- Où en serait mon proche sans mon aide et quelles qualités ai-je développées en ces circonstances ?
- Quelles sont les bonnes idées que j'ai réussi à mettre en place ces dernières années ?
- Qu'ai-je appris sur moi, sur mon proche et sur mon environnement ?
- Dans quel domaine suis-je monté en compétence ?
- Quelles sont les envies que ma situation d'aidant a fait naître ?

- Quelles sont les solidarités qui sont nées des difficultés auxquelles vous j'ai dû faire face ? Comment les ai-je surmontées ? De qui et de quoi me suis-je délesté ? Qu'ai-je mis de côté dans ma vie et qui ne me sert plus ?
- Dans ma situation, qu'est-ce qui a constitué une aide et en quoi ?
- En quoi cette situation me transforme-t-elle ?
- Quelle est ma vision de la vie ?
- Qu'ai-je envie de transmettre de cette expérience ? Et sous quelle forme ?

Mais vous êtes également vulnérable, et on le comprend bien. Pour être pleinement aidant, acceptez aussi que la coupe puisse parfois être pleine. Vous n'avez pas réponse à tout, vous êtes fatigué, usé. Vous êtes HUMAIN ! C'est votre propre part de vulnérabilité. Cela fait partie de chacun et chacune d'entre nous.

Nous avons l'espoir que notre entourage perçoive notre détresse et nos combats intérieurs, sans que nous ayons besoin d'en parler. Mais cela n'arrive jamais !

Osez demander de l'aide. Vous essuierez parfois des refus. Et alors ?

Il se peut aussi que vous côtoyiez des personnes qui vous entraînent vers le fond et provoquent votre détresse, par manque de compréhension, d'écoute ou d'intérêt pour vous. Vous avez le droit de réinterroger les relations toxiques.

Faire ou refaire confiance

Dans nos parcours d'aidant, nous avons à faire face à des situations critiques. Nos demandes d'aide demeurent lettre morte et on peut perdre confiance, avoir le sentiment d'avoir été trahi, que ce soit par des personnes proches, des professionnels ou des institutions.

Voici quelques questions qui peuvent vous guider dans ces moments.

» De quoi ai-je vraiment besoin ? d'écoute ? d'aides concrètes ? sous quelle forme ? de temps pour moi ? d'espace ? de me reposer ? de faire autre chose de mon existence que d'apporter mon aide ? de retrouver un emploi ? de passer le relais ?

» Quelles sont mes attentes vis-à-vis des autres ?

» Ai-je réussi à bien les exprimer ?

» Ai-je sollicité les bonnes personnes ?

» Au-delà de ma souffrance, mes demandes étaient-elles réalistes ?

» Qu'est-ce que je voulais réellement ?

» Est-ce que j'attendais vraiment une réponse concrète ? En existe-t-il une ?

» Était-ce un simple appel à partager ma détresse ?

» Et si la réponse avait été positive, aurais-je su laisser une place aux autres pour m'aider ?

Le plus difficile dans ce processus est de faire le premier pas. Et de ne pas le faire seul. Quels que soient le moyen et le lieu d'expression que vous choisissez, il doit vous permettre :

» d'être écouté sans jugement ;

» d'être questionné avec bienveillance, pour bouger vous-même intérieurement ;

» d'extérioriser votre souffrance ;

» de partager votre ressenti et de le considérer sous un autre angle ;

» de ne plus vous sentir seul face au quotidien ;

» d'être compris et épaulé ;

» de trouver un espace de parole.

Il n'y a pas de mode d'emploi, ni de bonnes ou de mauvaises méthodes. Chacun doit trouver ce qui lui correspond, en fonction de ses objectifs et de sa situation personnelle. Cela peut se traduire par :

» **des groupes de parole entre aidants ;**

» **des temps de formation des aidants ;**

» **des consultations chez le psychologue ou le psychiatre ;**

» **des lieux informels d'écoute comme les Cafés des aidants ;**

» **le lien avec les amis et la famille.**

C'est vous qui serez le meilleur juge pour trouver votre point d'équilibre. Faites-vous confiance !

Faire face à ses paradoxes

Il est possible d'avoir besoin d'aide et ne pas l'accepter. Il y a cette idée sous-jacente que vous pouvez, seul, tout mener de front, même si ce n'est pas facile. Si vous travaillez, c'est comme une deuxième journée qui commence. Dans le cas contraire, vous avez l'impression d'être disponible vingt-quatre heures sur vingt-quatre pour votre proche au cas où il lui arriverait quelque chose. Vous vous en occuperez aussi longtemps que vous le pourrez. Vous gérez la situation avec le cœur. Vous êtes dans l'affectif et vous n'avez pas la distance nécessaire pour prendre la mesure de ce qui se passe vraiment.

Accepter l'aide proposée n'est pas simple, parce que c'est bien autre chose qui entre en jeu : cela pourrait signifier que vous n'êtes pas aussi indispensable que vous le pensiez, que d'autres arrivent à faire mieux, qu'ils réalisent ce que vous ne parvenez pas à faire. Alors vous leur en voulez !

Vous pouvez aussi craindre les jugements négatifs sur votre « incapacité » à tout gérer ou sur le simple fait d'accepter cette aide. Il existe également cette peur d'abandonner l'aidé à son sort, mais aussi que d'autres personnes accaparent son attention et son affection. Ces craintes et ces sentiments sont humains, mais il se peut que vous ne parveniez pas à déléguer à cause d'eux.

D'ailleurs, il est plus facile de faire appel à l'extérieur quand la situation découle d'un changement visible et brutal, lié à une pathologie lourde, un accident cardio-vasculaire, un trouble neurologique ou neuropsychologique, car il est couramment admis que l'aidant peut se laisser déborder et avoir besoin de l'intervention d'un tiers. Cela est moins évident dans des situations où l'aidé glisse lentement dans la dépendance sans que l'on s'en rende compte. Mais, à force de porter son attention sur son proche, n'en arriverait-on pas à s'oublier soi-même ? Certes, il y a des avantages à se sentir utile : c'est très valorisant... Mais à quel prix ? Et lorsque cette reconnaissance ne vient pas et que vous vous impliquez de plus en plus dans cette aide pour maintenir ce lien affectif, que se passe-t-il ?

Les appels à l'aide arrivent généralement quand l'aidant est « au bout du rouleau » et ne peut plus faire face aux choses qu'il avait l'habitude d'assumer lui-même, alors que d'autres auraient depuis longtemps pu prendre le relais. À force de refuser toute aide, l'aidant s'isole socialement et empêche l'entourage de se rendre compte de ce qui se passe vraiment. Tout aidant finit par avoir besoin d'un soutien matériel et psychologique, du fait de la fatigue et du stress. Sans oublier le besoin de soutien affectif !

Il ne s'agit pas de s'accabler mais de prendre conscience de ses paradoxes intérieurs et d'accepter l'aide. En effet, se faire aider, ce n'est pas se soulager et renoncer, c'est faire preuve de discernement et de courage, car l'on met alors en place les conditions pour rendre le quotidien le plus vivable et le plus agréable possible, autant pour la personne aidée que pour soi-même. Vous n'êtes ni un héros ni un martyr. Juste un être humain dans son entière complexité.

Du temps pour soi

Témoignage

Françoise s'occupe de son fils Fabien, 12 ans, atteint d'autisme. Elle raconte son parcours : « Au fil des années, je ne me suis pas rendu compte à quel point j'étais épuisée. J'étais en vigilance permanente. Je ne m'arrêtais jamais : entre mon travail, mon fils, la coordination des professionnels qui s'occupaient de lui à domicile, les papiers... Je devais assumer trois tâches à plein temps. J'étais tout le temps sur une corde raide à ne jamais m'arrêter, toujours stressée. Il fallait toujours anticiper, prévoir... À la longue, comment tenir s'il n'y a pas la possibilité de souffler ? » Du temps pour elle, elle a su progressivement en trouver. Fabien a eu la chance d'intégrer l'école ordinaire avant de rejoindre l'école Tournesol (un établissement scolaire privé à Paris, en contrat avec l'État) ouverte à tout type de handicap et préparant les jeunes à une intégration professionnelle. Pendant les vacances et le mercredi, Fabien s'est mis à partager ses loisirs avec d'autres enfants valides et handicapés grâce à la structure associative Loisirs pluriel. Ces moments ou Françoise se retrouvait sans son fils lui ont permis de se ressourcer et de penser un peu à elle. « Cela nous fait du bien à l'un comme à l'autre », glisse-t-elle. Parfois, elle retrouve les mamans qui ont confié leurs enfants à Loisirs pluriel : « Il y a de la vie, c'est léger. Avec les mamans, on partage nos joies et difficultés, comme n'importe quels parents. Ça fait du bien ! »

Demander de l'aide et se faire aider

Dans un monde dominé par l'exigence de performance et de conformité à des normes, il est difficile de franchir le pas et d'arriver à demander de l'aide. D'autant plus si les aidants sont enfermés dans un conflit de loyauté d'ordre familial, culturel ou religieux. On a peur d'être jugé, de ne pas être à la hauteur, d'abandonner et de trahir l'autre.

Souvent, on sollicite de l'aide quand tout est sur le point de craquer. Mais si votre maison brûlait, oublieriez-vous d'appeler les pompiers avant d'y jeter vous-même des seaux d'eau ? Voici les questions que vous devez vous poser :

» **Et si, demain, je ne peux plus l'aider moi-même ?**

» **Pourquoi ai-je besoin d'être infaillible ?**

» **Et si l'autre qui m'aide réussissait là où je n'ai pas su faire face ? Et s'il échouait ?**

» **Qu'est-ce que je ne veux pas lâcher et qui résiste en moi ?**

» **Suis-je seul à pouvoir aider ?**

Rien ne nous oblige à être dans le sacrifice permanent ! Prenez en compte votre situation personnelle et évaluez le temps que vous pouvez réellement consacrer à votre proche. Par exemple, s'il a la maladie de Parkinson et que vous habitez à 200 kilomètres de lui, si vous avez en charge trois jeunes enfants et que vous travaillez à temps plein, vous disposez d'un temps réduit, forcément ! Faites le point avec vous-même et voyez quelles sont les aides que vous pouvez solliciter autour de vous (amis, famille, associations, institutions publiques, aides à domicile...).

Des solutions existent et, quand bien même elles vous paraîtraient complexes ou partielles, elles peuvent apporter des réponses pérennes. Et si les bonnes décisions passaient par ces quelques affirmations ?

» **Si je vais bien physiquement et psychiquement, mon proche le ressentira.**

» **J'ai avant tout le droit d'être personnellement heureux et de penser à moi.**

» **Je fais déjà du mieux que je peux.**

» **Je ne suis pas seul à pouvoir.**

» **Je dois rester ouvert aux autres et essayer.**

Et si aujourd'hui était le premier jour du reste de votre vie ?

Comment mon proche va-t-il arriver à s'en sortir sans moi ?

Voilà bien une question qui ne trouvera sa réponse que dans l'expérience. Stimuler la personne aidée prend du temps. Alors « faire à la place de » est une tentation légitime. Mais si elle se comprend aisément, elle aboutit pourtant à une plus grande dépendance : la personne réalise de moins en moins de choses par elle-même. Soyez le plus objectif possible : quelles sont les réelles capacités de votre proche ?

Et si, pour parvenir à s'en sortir sans vous, il avait besoin d'être confronté à autrui, en sollicitant une association, un établissement, des professionnels de l'accompagnement, des solutions alternatives comme les habitats partagés ?

Ce qui est certain, c'est que l'accompagnement sera différent, moins bon sur certains points et plus stimulant sur d'autres. Votre enjeu est de faire confiance pour bâtir cet avenir.

Je m'épuise moralement et physiquement, je n'ai plus de ressources pour m'en sortir. Comment faire dans l'urgence ?

Prenez appui sur l'un de vos pivots : médecin généraliste, psychologue, travailleur social, amis... Osez parler autour de vous de ce qui rend ce quotidien intolérable. Personne ne peut deviner comment vous vous sentez et, même si cet appel à l'aide ne produit pas de solutions concrètes immédiates, il peut constituer le démarrage d'un processus de soutien, par vos proches, et/ou par le système social.

Puis-je me faire aider psychologiquement ?

Parler de soi, de sa situation quotidienne, de son mal-être ou de sa culpabilité, c'est IN-DIS-PEN-SA-BLE ! Si l'on peut parfois trouver une oreille attentive auprès de ses proches, il est souvent nécessaire d'effectuer ce travail sur soi avec un professionnel (psychologue ou psychiatre). Le bénéfice est celui qu'apporte un regard extérieur, hors du système familial ; cela permet de comprendre ce qui se passe en nous et autour de nous, même si cela peut bouleverser et que bon nombre d'entre nous le voient comme un risque d'implosion une fois la soupape ouverte. Le changement nous confronte à cette grande inconnue : qu'arrivera-t-il demain ? N'ayez pas peur, ni honte de demander de l'aide. Personne ne peut s'occuper seul d'un proche qui a besoin d'être accompagné au quotidien. Vous avez le droit de demander et de recevoir un soutien psychologique, au moins pour éviter l'épuisement.

De nombreuses associations, structures hospitalières et médico-sociales ou équipes mobiles intègrent ces professionnels dans l'accompagnement proposé aux personnes vulnérables et à leurs aidants.

Connaître sa vérité face au regard des autres

« Si j'étais à ta place, je ferais... » Qui n'a jamais entendu cette phrase ? Mais, justement, personne n'est à votre place. Nos choix ne sont pas forcément ceux que les autres auraient faits. Eux-mêmes n'étant pas impliqués dans ce que vous vivez, ils ignorent vos contraintes comme le fait que vous êtes toujours tiraillé entre des décisions sans être sûr de leurs conséquences. Vous doutez, vous êtes tenté de demander des conseils. Mais vous risquez de le faire auprès de ceux qui ne connaissent pas votre situation. Vous risquez aussi de remettre en question la justesse de vos choix, d'apporter davantage de confusion et de culpabiliser encore plus.

Une mise à distance s'imposera avec vos amis et parfois aussi la famille... C'est toujours douloureux. Tournez-vous si possible vers des personnes qui vivent la même chose que vous, sachant écouter, questionner sans juger. Vous pouvez trouver ces interlocuteurs bienveillants dans un réseau dédié aux préoccupations des aidants (réseaux sociaux, associations, professionnels aidants, groupes de parole...). Le plus important est de découvrir votre propre vérité face aux regards et jugements des autres, de trouver la juste distance pour continuer à avancer.

Le droit au ras-le-bol

Il arrive souvent qu'on veuille changer radicalement de vie, parce qu'on se sent sur-sollicité, fatigué, déprimé, angoissé. Le sentiment d'usure vous habite, parfois accompagné de colère, d'un sentiment d'injustice et de frustration d'accomplir des tâches qui se répètent. Vous pensez que vous n'avez pas d'autres perspectives que de vous consacrer entièrement à cet accompagnement. Vous avez peut-être l'impression de passer à côté de votre vie. Sachez-le, il est tout à fait normal, voire sain, d'éprouver ce sentiment. Cela indique que vos limites sont atteintes. Que pouvez-vous faire pour retrouver un équilibre nécessaire ? Vous nourrir de culpabilité ne sert à rien. Prenez conscience que vous donnez déjà le meilleur de vous-même. Vous devez éprouver de la fierté à l'égard de ce que vous apportez et de tout ce que vous développez pour votre proche !

Témoignage

Magalie Halley, aidante de sa grand-mère

« Je n'avais pas conscience d'être aidante. C'est en faisant des recherches administratives pour ma grand-mère afin qu'elle aménage son futur logement en Charente que j'ai compris que j'en étais une. Ce que j'apportais naturellement comme soutien, par amour, avait un nom. À la mort de ma mère qui s'occupait déjà de ma grand-mère, j'ai rapproché ma famille de moi et je l'ai fait venir en Charente – là où j'habite – pour lui faire bénéficier d'une qualité de vie différente de celle de la région parisienne où elle vivait. Mon objectif : construire pour mon père et ma grand-mère un habitat adapté pour chacun. Ils gardaient ainsi leur autonomie, tout en étant proches. Mon père était là en cas de besoin. Lorsqu'ils habitaient en région parisienne, ma sœur, qui visitait notre grand-mère quotidiennement, soutenait mon père dans son deuil. De mon côté, j'étais alors assez loin d'eux pour garder ce recul et cette capacité à réfléchir. C'est lorsqu'ils se sont réellement installés près de moi, lorsque je suis devenue leur interlocutrice au quotidien, que je me suis laissée aspirer. C'est arrivé sans que je me rende compte. J'ai rapidement consulté un psychologue. J'allais exploser si je ne prenais pas le temps de savoir ce qui se passait pour moi émotionnellement. Je n'arrivais plus à discerner mes émotions de celles de mes proches, ni de celles liées au décès de ma mère. Je ne savais plus communiquer avec mes proches. Chacun perdait le contrôle de ses émotions et en rejetait la responsabilité sur les autres. Cet accompagnement psychologique m'a permis de me positionner et de ne pas me laisser déborder par mes proches. J'ai continué en intégrant un groupe de parole pour les aidants. J'ai pu comprendre ce que je vivais grâce au partage du vécu des autres personnes. Être aidant est un mot général qui recouvre plusieurs réalités. C'est réconfortant de voir que, même si d'autres vivent des situations différentes, les mécanismes psychologiques restent semblables. Maintenant, plutôt que d'assumer seule les besoins de ma grand-mère, je délègue aux aidants professionnels, à mon père, des tâches précises et discutées entre nous, comme de faire les courses ou d'appeler le médecin traitant pour le renouvellement des médicaments. Ma sœur s'occupe à distance de la gestion administrative des impôts et, de mon côté, j'assure une présence pour le lien social ainsi que la prise des rendez-vous médicaux annuels. Je n'ai pas réponse à tout, mais je suis capable de trouver la personne qui fera ce que je ne sais pas faire. J'ai besoin de me reposer, de caler du temps pour moi, pour me ressourcer et m'épanouir afin d'être à l'écoute de mes proches autant que de moi-même. »

Pour plus d'informations : https://www.aimotif.fr

Aidant et conjoint : la séparation

Parfois, il n'est plus possible de continuer son rôle d'aidant face à la charge que cela peut représenter, face aussi à l'amour qui s'abîme et à l'évolution des aspirations de chacun. Qu'il s'agisse d'une séparation, d'un divorce ou de la nécessité de trouver une solution d'accueil pour votre proche, n'oubliez jamais que vous êtes formidable, et que vos amis, votre famille seront à vos côtés pour vous aider à franchir ce cap.

Que cela arrive à la crise du milieu de vie ou à 80 ans, l'aidant traverse alors une crise identitaire forte :

» **Comment puis-je "l'abandonner" ?**

» **Qui va s'occuper de lui ?**

» **Comment me reconstruire dans un projet de vie, après avoir modelé une grande partie de mon existence autour de mon proche ?**

» **Comment vais-je être jugé par mon entourage ?**

» **De quoi ai-je vraiment envie ?**

Une crise identitaire vertigineuse, angoissante, comportant davantage de questions que de réponses...

Votre identité ne se limite pas à l'aide que vous avez apportée pendant des années à votre conjoint, pas plus que votre vie future. Le temps est votre meilleur allié, il panse les blessures, fait apparaître d'autres horizons, tempère la colère, la tristesse.

Ce temps de la séparation n'est pas différent de celui que vivent tant de couples chaque année. Sachez accepter le temps de la reconstruction, en vivant davantage dans le présent que dans le futur ou le passé.

Pour vous y aider, voici une magnifique citation d'Agnès Ledig : « C'est ça la vie. C'est ça l'amour. C'est courir pieds nus. Savourer quand le sable est fin ou l'herbe douce. Accepter le gravier et parfois le verre pilé. Et se dire qu'on avance malgré tout, quelle que soit la surface. Les écorchures cicatrisent quand même[13]. »

Tout le monde a droit à sa part de bonheur et de sérénité, quelle que soit son histoire. Et dites-vous bien que vous avez relevé ce défi depuis beaucoup plus longtemps que la plupart des membres de votre entourage ne l'auraient fait.

---

13. *De tes nouvelles*, Albin Michel, 2018.

Ne restez pas seul, ouvrez-vous au monde qui vous entoure, reprenez des activités pour votre propre épanouissement, il est temps de devenir aidant de vous-même. Vivre. Pour vous, avec vous, en vous.

Le point de vue de l'expert

Céline Dauchy, coach consultante certifiée

Pour plus d'informations : https://dcidee-coaching.fr

Le triangle dramatique dans la relation aidant-aidé

« On se pose rarement la question de devenir proche aidant. Cela se fait généralement de manière naturelle, dans la continuité d'une relation affective. Et, dans la majorité des situations, les aidants familiaux vous diront qu'ils sont très satisfaits de pouvoir aider leurs proches, de leur apporter du soutien face à la dépendance, que cela renforce les liens qui les unissent. Mais être dépendant ou devenir dépendant avec l'âge, voir le regard de l'autre changer n'est pas si facile à accepter. Ce sont des situations dans lesquelles nous pouvons rencontrer de l'agressivité, de la colère, de la tristesse, de la peur, de l'incompréhension, ce qui perturbe notre vision des choses et nos relations. Et les aidants familiaux sont les premiers confrontés à ces émotions. Qu'est-ce qu'un jeu relationnel ? Quels jeux relationnels peuvent s'instaurer dans une relation aidé-aidant ? Qu'est-ce que le triangle dramatique ? Comment en sortir pour retrouver des relations saines et profitables pour tous ?

Selon Éric Berne, psychiatre américain, le jeu relationnel est « le déroulement d'une série de transactions cachées, complémentaires, progressant vers un résultat bien défini, prévisible ». Cela signifie qu'il y a un objectif sous-entendu dans la relation à l'autre qui n'est pas exprimé clairement, et qui est bien souvent au détriment de l'autre. Ces jeux, réalisés de manière involontaire, aboutissent à des relations confuses, ambiguës, pouvant amener à des situations de conflits dont on ne sait plus s'extirper. Nos réactions sont des réflexes que nous avons adoptés afin de nous maintenir dans un contexte connu. Il n'y a pas de volonté consciente de nuire à l'autre.

Si on les rapporte à la relation aidé-aidant, nous pouvons rencontrer différents jeux relationnels aussi bien au détriment de l'aidé qu'à celui de l'aidant :

» **soit l'aidant attend implicitement quelque chose de son proche : alléger d'une manière ou d'une autre sa charge physique et mentale, par exemple ;**

» **soit l'aidé attend implicitement quelque chose de son aidant : compenser sa dépendance ou un sentiment profond de solitude, par exemple.**

Il existe bon nombre de situations où l'on peut rencontrer ces jeux relationnels. À partir de sous-entendus, d'allusions, de mise en lumière des défauts, les échanges se teintent de reproches. Et leur récurrence amène aux conflits.

Le triangle dramatique est un jeu relationnel mis en évidence par Stephen Karpman, psychiatre et élève d'Éric Berne. Il permet de mettre en lumière les manipulations d'une personne sur une autre à l'aide de trois rôles : la victime, le persécuteur et le sauveur.

Nous ne sommes pas cantonnés à un seul de ces rôles. Nous passons de l'un à l'autre selon les situations et les personnes que nous rencontrons. Chacun de ces rôles a besoin des deux autres pour exister et ils se renforcent les uns les autres tant que nous n'en sortons pas.

» **La victime appelle le sauveur en attirant l'attention sur elle, pour qu'on l'aide. Elle cherchera également un persécuteur pour entretenir son rôle de victime.**

» **Le sauveur attend un persécuteur pour justifier son rôle et une victime à sauver. Le sauveur a un sentiment de culpabilité s'il ne peut pas sauver sa victime. Sentiment que l'on retrouve dans la relation aidé-aidant. Il sauve la victime sans que celle-ci le lui ait demandé.**

Le persécuteur agit sur la victime. Il la fait souffrir. Ce n'est pas forcément une personne : le persécuteur peut être la maladie ou la dépendance. Alors, comment éviter de créer ces jeux relationnels ?

Les jeux relationnels nous permettent de répondre à des besoins non exprimés qui, eux-mêmes, peuvent ne pas être conscients. La conscience de soi et de ses besoins permet de mieux comprendre ces situations et de les éviter.

» Si vous vous sentez victime, sachez que vous seul pouvez vous sauver en agissant. Acceptez votre vulnérabilité et mettez-vous en mesure de résoudre vos problèmes. Vous pouvez toujours demander de l'aide, mais en ayant conscience de votre responsabilité à agir.

» Si vous vous sentez persécuteur, exprimez vos besoins, sans chercher à « punir » l'autre.

» Si vous vous sentez sauveur, faites preuve de bienveillance envers autrui. Proposez votre aide sans chercher à résoudre les problèmes des autres à leur place.

Et comment sortir de ces jeux relationnels ?

La première réponse serait : ne pas y entrer ! N'oubliez pas, le triangle dramatique a besoin des trois rôles pour exister. Si vous êtes « invité » à jouer, la meilleure option est de ne pas assumer le rôle que l'on vous propose.

Pour cela :

» Restez centré sur les faits.

» Évitez les tournures généralistes ou floues (toujours, jamais, souvent...).

» Évitez les interprétations qui nuisent à la relation, ainsi que les reproches. Ils sont une porte d'entrée de choix pour les jeux relationnels.

» Exprimez clairement vos émotions et besoins, faites preuve de franchise et utilisez la première personne du singulier.

» **Formulez une demande de manière affirmative. La communication est facilitée si l'on exprime ce que l'on désire plutôt que ce que l'on ne veut pas.**

On retrouve ici la technique de la communication non violente (CNV).

Sortir d'un jeu relationnel demande d'être à l'écoute de soi. Parler à une personne bienveillante aide à se recentrer sur soi et sur ses besoins. Le coaching est un accompagnement qui peut aider à ces prises de conscience, faciliter les relations sociales et la communication.

Savoir s'écouter pour savoir écouter l'autre.

Partie 3
Être aidant au quotidien

Dans cette partie...

Être aidant, c'est au quotidien. Que vous agissiez à distance ou en proximité, votre accompagnement auprès de votre proche, c'est tous les jours que vous devez l'assumer. Dans cette partie, nous mettons en avant la nécessité de vous organiser par rapport à vos obligations et contraintes.

La tentation est de vouloir tout assumer. Pourtant, il y a des priorités. Il s'agit, pour nous, de vous donner des pistes de réflexion pour vous permettre de mieux gérer votre vie au quotidien à la maison, vous éclairer sur la manière de mieux concilier votre vie professionnelle (si vous travaillez) et votre vie d'aidant.

Dans cette partie, nous insistons sur la nécessité de garder un lien avec l'extérieur, quelle qu'en soit la nature : amis, famille, loisirs, travail, réseaux sociaux... Notre objectif est de vous faire prendre conscience de l'importance de trouver des moments de respiration rien que pour vous, des moyens de recharger vos batteries, de voir du monde, de garder le moral, de vivre autre chose que votre identité d'aidant...

Cette partie est aussi consacrée à des initiatives exemplaires qui pourraient vous donner, nous espérons, l'envie de vous accorder un peu de répit... afin que cette nécessité devienne le début d'une saine habitude.

Pensez à vous pour apporter ensuite une meilleure aide à votre proche. Le but est de vous éviter de vous enfermer sur vous-même et vous permettre de (re)goûter aux joies (simples et plurielles) de la vie. Car celle-ci n'est pas faite que de contraintes, mais aussi de plaisir !

DANS CE CHAPITRE

Organiser votre temps en fonction de vos priorités

•

Accepter de faire du mieux que vous pouvez et de ne pas tout contrôler

•

Trouver des espaces d'expression pour lâcher le trop-plein

•

Prendre du recul
Faire attention à vous

Chapitre 7

L'organisation de la vie quotidienne et familiale

En tant qu'aidant, la tentation est grande de vouloir gérer plusieurs choses à la fois au point de ne plus savoir où donner de la tête et ne plus savoir par où commencer. Sans balises ni gestion de vos priorités, c'est la noyade assurée ! L'organisation est une nécessité à mettre en place pour gérer et mieux vivre les imprévus. Au début, vous allez tâtonner, revenir en arrière, vous décourager. Rien de plus normal ! Il faut du temps pour trouver l'organisation qui vous convient, autant à vous qu'à votre proche. C'est en cherchant que vous trouverez l'équilibre qui vous correspond.

Tout contrôler ?

Nos réflexes légitimes et inconscients nous poussent à tout prévoir, à anticiper au maximum pour ne pas nous retrouver dans des situations douloureuses déjà vécues.

Or l'imprévu fait partie de nos vies et, si nous luttons contre cette évidence, la souffrance sera importante. Le même processus est en jeu lorsque nous faisons appel à de l'aide extérieure, à une auxiliaire de vie sociale, par exemple. La personne qui intervient aux côtés de notre proche fera les choses différemment, fera parfois des erreurs, inventera de nouvelles façons d'accompagner. Un peu comme nous, aidants, au démarrage de notre parcours.

LA SANTÉ D'ABORD !

L'Association française des aidants propose des « Ateliers santé des aidants ». Le concept ? Faire prendre conscience de l'impact que peut avoir la relation d'aide sur la santé générale des accompagnants (physique, psychique et sociale). Sous quelles formes ? Des rencontres avec des professionnels de la santé, des rencontres-débats, des ateliers. Ça vaut vraiment le coup, allez-y ! Il est également proposé un parcours de formation dédié aux aidants pour les aider à faire face au quotidien (posture, attentes, limites, relation aidant-aidé, relation avec les professionnels, conciliation de la vie d'aidant et de la vie sociale et professionnelle...). Vous préserver signifie aussi faire attention à votre santé afin de rester en forme. C'est primordial !

Pour plus d'informations : http://www.aidants.fr

Ne pas s'oublier

Seul, vous avez beau vous démener pour trouver par vous-même des solutions, vous n'y arrivez plus. Vous voulez de l'aide, mais quelque chose vous en empêche. Que se passe-t-il en vous ?

» **Vous n'acceptez pas la situation telle qu'elle est ?**

» **Vous craignez qu'on vous pense incapable d'y faire face ?**

» **Vous craignez que votre proche pense que vous l'abandonnez ?**

» **Vous avez peur que d'autres personnes ne fassent pas exactement comme vous ?**

» **Vous avez peur de ne plus rien contrôler et de ne plus être indispensable aux yeux de votre proche ?**

Autant de questionnements pas toujours agréables à soulever. Pourtant, c'est bien le point de départ pour amorcer une réflexion dans le but de vous libérer de tout ce qui vous pèse, vous chagrine, vous questionne, vous culpabilise...

Vous vous dévouez tellement à l'autre que vous vous oubliez. C'est « énergivore » ! Vous êtes tellement centré sur les besoins de votre proche que vous n'avez plus de place pour autre chose et même plus l'envie de prendre soin de vous. Vous tenez, certes... Mais jusqu'à quand ? Jusqu'à atteindre vos limites et épuiser toute votre énergie ? Et après ? Qui s'occupera de votre proche si vous n'en avez plus la force ? Et vous, dans tout ça ?

Vous ne pourrez aider que si vous êtes vraiment bien. Donner, c'est aussi apprendre à recevoir. Ce changement de point de vue et de position peut être vécu comme déroutant, voire dérangeant... Tout de suite, vous pouvez vous autoculpabiliser : « Je vais passer pour un égoïste ! » Eh bien oui ! Soyez-le un peu pour le bien de votre proche. Car vous voir plein d'énergie avec un moral solide l'aide à avoir le courage nécessaire. Vous voir fatigué, abattu pourrait générer chez lui de la culpabilité. Ce qui peut crisper vos rapports, générer de l'agressivité.

Penser à soi ne consiste pas à tout envoyer valdinguer mais procède de prises de conscience et de réajustements progressifs au quotidien.

Cela passe par des actions concrètes comme :

» prendre soin de son sommeil ;

» mieux s'alimenter ;

» s'autoriser et s'accorder des moments de plaisir : aller au restaurant, au cinéma, voir des amis, marcher, se faire masser, aller chez le coiffeur, lire, écouter de la musique, ne rien faire ;

» accepter que des aidants professionnels prennent le relais ;

» se poser la question des tâches que l'on souhaite vraiment assumer ;

» expliquer sa situation à des personnes de confiance de son entourage et leur demander de l'aide ;

» participer à un groupe de parole ;

» partager des moments de complicité et de plaisir avec son proche en dehors des soins, de l'organisation de tâches dites utiles ;

» aller voir un psychologue, son médecin traitant pour en parler ;

» s'accorder des vacances avec ou sans son proche ;

» faire valoir ses droits.

De petites actions qui, mises bout à bout, permettront de mieux respirer, de prendre de la hauteur, de se reposer et d'être davantage disponible pour la relation d'aide.

LES CAFÉS DES AIDANTS

La chaîne des Cafés des aidants, soutenue par l'Association française des aidants, permet aux aidants de se poser, de prendre du temps pour eux, avec en miroir ceux qui vivent la même expérience qu'eux. Ce sont des lieux d'information, de soutien et de partage entre aidants. Organisées une fois par mois, ces « réunions » sont co-animées par un psychologue et un travailleur social. À chaque fois est abordée une thématique différente qui sert d'amorce aux discussions : gestion du stress, notion de culpabilité, relation avec son proche… Chacun fait part de son expérience, échange des « trucs et astuces ».

L'impact ?

Les aidants :

- » sont soulagés de ne plus vivre seuls cette situation et rompent leur isolement social ;
- » y trouvent de la convivialité et un réconfort moral ;
- » vivent mieux leur situation ;
- » améliorent leur relation avec le proche aidé ;
- » s'accordent du temps pour eux et ont leurs propres activités ;
- » font davantage appel à des professionnels extérieurs.

Ces cafés s'adressent à tous les aidants quels que soient leur âge, leur situation et la dépendance du proche aidé. Il existe plus d'une centaine de Cafés des aidants sur toute la France.

Pour plus d'informations : https://www.aidants.fr/vous-etes-aidant/participer-action-pres-de-chez-soi/cafe-aidants

DANS CE CHAPITRE

Trouver des solutions pour concilier au mieux vie professionnelle et présence auprès de votre proche

•

Faire connaître votre situation à votre entreprise

•

Maintenir la tête hors de l'eau

Chapitre 8

Concilier sa vie professionnelle et sa vie d'aidant

Tant que votre entourage ne l'a pas vécu, il est difficile de mesurer l'ampleur de votre implication auprès de votre proche. Cela reste du domaine de votre vie privée. Vous faites face comme vous le pouvez, comme d'habitude, sans vous plaindre, car cela va de soi. Si vous menez une vie professionnelle en parallèle, vous devez mener cet accompagnement de front avec tout le reste. Il est encore moins question d'évoquer vos préoccupations au sein de votre entreprise. Ni de mélanger les genres, estimez-vous peut-être. La vie professionnelle doit être absolument séparée de la vie privée. Voilà l'approche la plus communément admise et vécue par la majorité des aidants qui exercent une activité professionnelle.

Sur les 11 millions d'aidants en France, près de 5 millions occupent un emploi. Selon le « Baromètre des aidants » 2020 réalisé par la Fondation April et l'institut de sondage BVA, 61 % d'entre eux sont des aidants actifs (salariés, entrepreneurs, demandeurs d'emploi...) et 53 % sont salariés d'une entreprise. Ils constituent 20 % de la population active. À ce jour, cela concerne 1 actif sur 5. Ils seront 1 sur 4 en 2030.

Cette hausse est due au vieillissement de la population active et à l'augmentation des maladies chroniques. Elle aura forcément des conséquences sur la vie des entreprises car, mathématiquement, de plus en plus de gens vont devoir s'occuper d'un proche, voire de plusieurs en situation de vulnérabilité. Ce qui est le cas, par exemple, de parents qui s'occupent d'un enfant polyhandicapé, d'un conjoint (maladie invalidante, accident de la vie...) et qui devront peut-être prendre en charge un parent concerné par la dépendance due à l'âge, à la maladie ou au handicap, ou un peu tout cela à la fois. Bref, cela va concerner de plus en plus de monde.

Deux autres chiffres sont à mettre en lumière :

» **Selon le baromètre « Aider et travailler 2020 » réalisé par Interfacia, 46 % des aidants salariés ont entre 35 et 49 ans. Cette population rajeunit donc de plus en plus.**

» **58 % des aidants en activité professionnelle sont des femmes, bien que les hommes accompagnant un proche soient de plus en plus nombreux.**

Derrière ces chiffres, il y a des femmes et des hommes au vécu et à l'expérience particuliers, une diversité plurielle de situations autour de l'aidance qui ne peuvent être traitées qu'au cas par cas. Des femmes et des hommes ignorés, car invisibles.

Un sujet personnel avec un impact professionnel

Si vous occupez un emploi, vous faites le maximum pour tout gérer de front avec le moins d'impact possible sur votre vie professionnelle. C'est un doux leurre ! Il y a forcément des conséquences. Être aidant prend du temps et augmente la charge mentale. Vous pouvez être physiquement là, à votre poste, mais pas investi à 100 % dans votre travail, préoccupé par ce qui arrive à votre proche, organisant son quotidien à distance, notamment les soins à domicile, les rendez-vous médicaux, les imprévus impensables....

À la longue, à jouer les « Shiva » du quotidien tout en tenant compte des objectifs imposés par votre employeur, vous entrez dans une zone où vous développez du stress, de la fatigue, de l'irritabilité, avec un sentiment de vous sentir dépassé, teinté de culpabilité et de surcharge émotionnelle, ce qui peut vous conduire au burn-out et mettre en jeu votre santé.

Voici encore des chiffres pour avoir une vue d'ensemble de la situation. Selon le baromètre « Aider et travailler 2020 » d'Interfacia, les salariés aidants déclarent qu'aider un proche engendre :

» **un absentéisme au travail (59 %)** ;

» **de la démotivation (48 %)** ;

» **des difficultés à se concentrer (45 %)** ;

» **des arrivées tardives le matin ou des départs précoces l'après-midi (33 %)...**

Pour faire face à leurs obligations et assumer leurs responsabilités, quand la situation devient difficile à gérer, les salariés aidants « bricolent » eux-mêmes leurs solutions :

» **prise de congés et RTT à la dernière minute** ;

» **utilisation des arrêts maladie** ;

» **aménagement des horaires de travail** ;

» **diminution du temps de travail.**

Que vous le vouliez ou non, cela a forcément des répercussions sur l'ensemble de l'organisation du travail : il est difficile d'avoir des relations apaisées et détendues avec vos collègues s'ils ne sont pas tenus informés. L'incompréhension naît, ainsi que des malentendus, voire des sous-entendus, les délais ne sont pas respectés, les retards s'accumulent, les collègues doivent gérer en urgence des dossiers qui ne sont pas les leurs pour pallier une absence ponctuelle, impromptue ou durable... C'est la cohésion de toute une équipe qui est mise à mal, et des tensions jaillissent.

Un silence qui coûte

Ce silence naît du fait que beaucoup de salariés gardent leur situation pour eux. D'abord parce qu'ils n'ont pas conscience qu'ils sont des aidants (6 aidants sur 10 ignorent qu'ils le sont et/ou ne se considèrent pas comme tels). Ou parce que leur situation, selon eux, ne regarde personne. Et l'employeur n'a en aucun cas le droit de forcer un employé à l'évoquer. Il y a aussi la peur, la méfiance, voire la défiance que la révélation de leurs préoccupations personnelles se retourne contre eux. Cette réaction est tout à fait compréhensible lorsque, de manière générale, la société rabâche qu'il faut bien faire la distinction entre vie professionnelle et vie privée, que le milieu du travail n'est pas « un monde de bisounours ».

Certes, si l'entreprise ne donne pas des signes de confiance qui permettent d'en parler, il faut raison garder, et ne rien révéler, en effet. Mais ce jeu de cache-cache a ses limites. Et il arrive que le salarié, ne pouvant plus tenir, implose, négocie au mieux son départ avec des indemnités qui ouvrent droit au chômage, au pire démissionne sans ressources, sollicitant un peu plus tard les minimas sociaux pour s'assurer un minimum de revenu... Mais à quel prix !

Ce silence s'explique entre autres par le fait que les salariés concernés craignent d'être stigmatisés et déconsidérés, de se montrer en situation de faiblesse et de fragilité ou de paraître peu fiables (et ce n'est pas ce qu'ils ont envie de montrer à leur employeur !). D'autres considèrent qu'ils peuvent être freinés dans les responsabilités à gérer, voire dans l'avancée de leur carrière.

Certains, n'ayant plus le choix, parce qu'ils ne peuvent faire autrement, en parlent en premier lieu à leurs collègues et en dernier lieu à leur manager, surtout pas au service des RH s'ils sentent que les personnes ne sont pas dans l'écoute et la compréhension.

Les besoins le plus souvent exprimés par les salariés aidants

- **Être entendus et soutenus par leur entreprise.**
- **Pouvoir concilier vie pro, perso et vie d'aidant.**
- **Dialoguer en confiance avec leur direction et leurs managers.**
- **Trouver avec eux des solutions simples et immédiates à mettre en place, des informations et des aides concrètes.**
- **Avoir plus de temps et de souplesse dans l'organisation de leur travail, etc.**

La flexibilité de l'organisation de l'emploi du temps arrive largement en tête. Les aidants coordonnent de nombreuses interventions comme celles des auxiliaires de vie sociale, ou celles du transport de leur proche (pour se rendre dans un accueil de jour, par exemple). Mais les aléas font partie intégrante de la vie quotidienne : l'absence d'un aidant professionnel, le retard d'un transport adapté peuvent compromettre la participation du salarié aidant à son temps de travail dans l'entreprise. Si cette situation est cachée à l'employeur, elle laissera place à de nombreuses interprétations.

Difficile également de s'absenter pour un séminaire d'entreprise ou une formation, ne serait-ce que pour une nuit. Par la force des choses, nous n'avons pas la même facilité d'adaptation que nos collègues et pouvons rapidement donner l'impression de manquer de volonté.

Les aidants réduisent également leur temps de travail pour être davantage présents et diminuer les contraintes organisationnelles. Cela implique une nouvelle répartition de la charge dans le collectif de travail, sans forcément bénéficier de renforts humains.

L'accompagnement d'enfants handicapés, par exemple, repose sur les épaules d'un des deux parents, compromettant son activité professionnelle : lorsque l'enfant devient adulte et qu'une autre solution est trouvée, il devient difficile de reprendre une activité professionnelle, avec un curriculum vitæ « troué ».

Si nous devions résumer les besoins d'un salarié aidant en entreprise, voici ce que nous retiendrions :

» **un emploi du temps flexible ;**

» **une oreille attentive de son manager ;**

» **une mobilité plus simple dans l'entreprise quand le handicap ou la dépendance survient (possibilité de réduire le niveau de responsabilités) ;**

» **la possibilité de travailler partiellement depuis son domicile (télétravail) ;**

» **une plus grande flexibilité sur les congés (par exemple, quand l'établissement d'hébergement de l'enfant handicapé ferme pour toutes les vacances scolaires) ;**

» **des services spécifiques liés au handicap (une crèche d'entreprise).**

Libérer la parole

Résultat, puisqu'ils ne se manifestent pas, les deux tiers des entreprises françaises ignorent l'existence des salariés aidants. D'où la difficulté pour certaines de se saisir du sujet. Les autres pensent que si ces salariés aidants ne se manifestent pas, c'est qu'ils n'ont pas besoin d'aide. Sachant aussi que l'aidance est intimement liée à la sphère privée, peu d'entreprises se risquent à intervenir si les salariés n'en expriment pas clairement la demande, de peur de paraître intrusives... Les salariés eux-mêmes n'imaginent pas que leur entreprise puisse être un point d'appui. Des deux côtés, la prise de parole n'est pas facile, même si le besoin est réel.

Cependant, la Covid a changé la donne et le télétravail s'est généralisé. Les entreprises ont pu constater, pour l'ensemble de leurs salariés, que la vie personnelle est intrinsèquement liée à la vie professionnelle. Or, les employeurs ont l'obligation, en matière de prévention des risques psychosociaux (RPS), d'assurer de bonnes conditions de travail aux membres de leur personnel, notamment autour de la qualité de vie au travail et de la conciliation vie pro-vie perso. Ce qui existe autour de la parentalité peut être mis en place pour les aidants et, par effet domino, bénéficier à l'ensemble des salariés.

Il n'y a pas de réponses toutes faites, et encore moins de recette miracle. Cependant, il est de la responsabilité des employeurs de communiquer sur ce sujet et des salariés d'oser parler de leur situation en mettant en place les conditions propices à l'échange. Celui-ci ne verra le jour que lorsqu'une connexion et un climat de confiance naîtront entre les employeurs et leurs salariés aidants grâce à la création d'espaces de dialogue et d'échanges sécurisés. Un travail de sensibilisation et de formation adéquat auprès des managers de proximité et des RH est nécessaire pour qu'ils puissent prendre la pleine mesure de ce sujet et imaginer des solutions pérennes pour l'ensemble des salariés qui soient socio-économiquement acceptables pour l'entreprise (et favoriser une coopération en interne). Selon l'étude « Les enjeux et chiffres clés » réalisée en 2017 pour le prix « Entreprise-salariés aidants », 83 % des Français pensent d'ailleurs que les entreprises devraient davantage soutenir et accompagner les salariés aidants. L'enjeu, entre autres, est le maintien de l'emploi, et le fait que ces aidants puissent continuer à travailler dans les meilleures conditions possibles.

Et la loi ?

Les négociations collectives de branche (loi n° 2019-485 du 22 mai 2019) visent à favoriser la reconnaissance des proches aidants. La loi a ajouté aux thèmes obligatoires de la négociation collective de branche des mesures destinées à faciliter la conciliation entre la vie professionnelle et la vie personnelle des proches aidants (article L.2241-1 du Code du travail, modifié par l'ordonnance n° 2019-766 du 24 juillet 2019, article 7).

En octobre 2019, le gouvernement a inscrit « le soutien aux proches aidants » parmi les thèmes de la négociation obligatoire dans les entreprises, ainsi que parmi les critères de la responsabilité sociale et environnementale (RSE) des entreprises (mesure n° 11, « Aidants, stratégie de mobilisation et de soutien 2020-2022 »). Cette dernière disposition n'entrera pourtant en vigueur qu'à l'occasion de la modification de l'article L.2242-1 du Code du travail.

Pour rappel, l'article L.2242-1 du Code du travail prévoit que, dans les entreprises où sont constituées une ou plusieurs sections syndicales d'organisations représentatives, l'employeur doit engager au moins une fois tous les quatre ans une négociation portant notamment sur la qualité de vie au travail et l'égalité professionnelle entre les femmes et les hommes. Le non-respect de cette obligation expose l'employeur à des sanctions civiles et pénales.

Parole d'expert

Julia Peyre, avocate en droit social, aidante, avec sa sœur et son père, de sa mère atteinte de la maladie d'Alzheimer

1. Le salarié aidant a des droits en entreprise, bien qu'il n'existe pas de statut d'« aidant salarié ».

Aucune définition ni désignation unique de l'aidant ne figure dans le Code du travail. On va retrouver différents termes autour de situations d'aides variables : le « proche aidant » ; la « personne de confiance », le « travailleur avec des obligations familiales »...

Il n'existe pas non plus de statut juridique unique encadrant la situation des salariés aidants.

Toutefois, les salariés aidants ont des droits qui leur sont propres. Il existe diverses « petites » dispositions juridiques, souvent encore méconnues des entreprises, au profit des aidants (sur les congés, le travail de nuit, le temps de travail, etc.).

2. L'employeur a des obligations à l'égard des salariés aidants.

Les employeurs ont notamment l'obligation de prendre les mesures pour assurer la sécurité et protéger la santé des salariés contre les risques professionnels, qui incluent les risques psycho-sociaux (RPS). Les salariés aidants peuvent être plus sensibles au stress, à la surcharge de travail, au manque de clarté dans la définition des tâches, quand ils se trouvent déjà dans un état d'épuisement. L'employeur doit, en ce sens, prendre en compte la situation des salariés aidants et être à leur écoute.

3. Il est conseillé de s'informer sur ses droits d'aidant salarié et, si possible, de parler à son employeur.

Les aidants peuvent se renseigner auprès d'associations et auprès d'assistants sociaux qui mettront à leur disposition des informations sur les aides dont ils peuvent bénéficier. Ils peuvent aussi se renseigner sur leurs droits en entreprise auprès de leur employeur.

Certes, les salariés aidants peuvent estimer que leur vie privée ne regarde en rien leur employeur, ou appréhender sa réaction. C'est compréhensible, mais dommageable. Pour faire valoir ses droits, le premier pas est déjà de s'accepter comme aidant, avant, dans un deuxième temps, d'informer son employeur de sa situation particulière (si cela est possible). Évoquer le sujet peut permettre de trouver la solution la plus adaptée possible. La réponse n'est pas forcément juridique, mais humaine. C'est du cas par cas. Parler à son employeur peut aussi permettre d'anticiper, de trouver des solutions qui ne soient pas prises dans l'urgence (ce qui est malheureusement fréquent).

4. Identifier ses besoins pour trouver une solution adaptée avec son employeur.

Il est important que le salarié aidant fasse le point sur sa situation pour savoir ce dont il a besoin, ce qu'il souhaite et ce qu'il peut demander. À titre d'exemple, il peut être envisageable de demander à son employeur des autorisations d'absence supplémentaires (rémunérées ou non), de proposer une réorganisation des tâches au sein de l'équipe, etc.

Il est conseillé de vérifier du côté des mutuelles et des régimes de prévoyance et de retraite complémentaire auxquels adhèrent les entreprises les dispositions destinées aux aidants (hotline psychologique, aides particulières...).

Les salariés aidants peuvent également se rapprocher de différents acteurs qui peuvent prendre le relais, en particulier si aucune discussion n'est possible avec l'employeur : les représentants du personnel, les psychologues du travail, le médecin du travail.

Pour plus d'informations : https://www.juliapeyre.com

Le travail, une ressource

Point de vigilance

Lorsque le quotidien est complexe et que l'usure s'installe, nous avons la tentation de tout lâcher pour nous occuper de notre proche. Pourtant, même si l'emploi augmente les contraintes d'organisation, il permet de garder la tête hors de l'eau et de vivre autre chose que son rôle d'aidant. Il est aussi nécessaire pour conserver quelques ressources financières et garder une vie sociale.

Les dispositions légales à mobiliser

Quelques mesures existent heureusement en faveur des salariés aidants. Nous vous les détaillons, en appelant de nos vœux le développement de mesures encore plus ambitieuses pour permettre de concilier ce lien d'aidant et le maintien d'une carrière professionnelle. Lorsque cela est encore possible, le travail reste un lien fort de socialisation, s'il se fait dans des conditions optimales et optimisées de dialogue entre encadrement et salariés.

Le congé de proche aidant permet de s'occuper de personnes handicapées graves et/ou en perte d'autonomie importante et de particulière gravité. Ce droit est applicable dès l'embauche et indemnisé immédiatement sans condition d'ancienneté. Il est de trois mois renouvelables et ne peut dépasser un an sur l'ensemble d'une carrière. Il peut être fractionné par journée ou demi-journée afin d'assurer en parallèle un travail à temps partiel, et peut être pris en plusieurs fois. Depuis le 3 septembre 2020, ces jours non travaillés sont indemnisés par la Caf ou les MSA à raison de 43,83 € par jour pour les personnes vivant en couple et de 52,08 € pour une personne seule.

Bon à savoir : ce n'est pas l'employeur qui paie. L'indemnité n'est pas forcément cumulable si l'on en touche d'autres comme le congé maternité. Ces indemnités sont limitées à soixante-six jours. Au-delà, il n'y a plus d'indemnisation. Ce droit est aussi applicable aux agents de la fonction publique, aux entrepreneurs et aux demandeurs d'emploi sous certaines conditions. Ce congé sera pris en compte de manière automatique au titre des droits à la retraite.

Plus d'informations :
https://www.service-public.fr/particuliers/vosdroits/F16920

Le congé de présence parentale pour un enfant à charge nécessitant une présence soutenue et des soins contraignants (enfant atteint d'une maladie, d'un handicap ou victime d'un accident d'une particulière gravité) peut être pris de manière fractionnée par journée ou demi-journée dans une « réserve temps » de trois cent dix jours dans la limite de trois ans. Il est indemnisé par l'allocation journalière de présence parentale de la Caf.

Bon à savoir : les parents ont droit à deux jours de congés sans condition d'ancienneté suite à l'annonce du handicap de leur enfant. Le salarié doit formuler sa demande de congé de présence parentale au moins quinze jours avant la date souhaitée de début du congé au service des RH.

Le congé de solidarité familiale permet d'accompagner un proche en fin de vie à cause d'une maladie grave et incurable (quelle qu'en soit la cause) pour une durée de trois mois renouvelables une fois avec une indemnisation propre à ce congé. Il est valable pour une personne qui s'occupe d'un descendant, d'un frère ou d'une sœur, ou d'un ascendant.

Bon à savoir : ce congé débute à l'initiative du salarié. Il peut être pris de manière continue, fractionné ou transformé en période d'activité à temps partiel. Le congé de solidarité familiale n'est pas rémunéré. Cependant, le salarié bénéficiaire du congé peut percevoir l'allocation journalière d'accompagnement d'une personne en fin de vie.

Plus d'informations :
https://www.service-public.fr/particuliers/vosdroits/F1767

L'aménagement du temps de travail propre à l'aidant : selon l'article L.3121-49 du Code du travail, le salarié aidant peut bénéficier d'horaires individualisés et différés afin de ne plus être obligé d'arriver et de repartir à heures fixes comme ses collègues. Cependant, il fixe avec l'employeur des plages horaires et de présence obligatoire de travail en entreprise pour assurer les éventuels temps de travail collectif. L'employeur ne peut pas s'y opposer.

Pour plus d'informations :
https://www.service-public.fr/particuliers/vosdroits/F74

Les jours de congés : selon l'article L.3141-17 du Code du travail, le salarié peut prendre plus de vingt-quatre jours ouvrables de congés payés consécutifs. Intéressant à savoir s'il a besoin de poser ses congés de cinq semaines d'un seul coup.

Le travail de nuit : un salarié aidant peut refuser le travail de nuit. Il n'est pas obligatoire pour les aidants (article L.3122-12 du Code du travail). Lorsque le travail de nuit est incompatible avec des obligations familiales particulières, dont la garde d'un enfant ou la prise en charge d'une personne dépendante, le refus de travailler la nuit ne constitue pas une faute ou un motif de licenciement. Le travailleur de nuit peut demander son affectation sur un poste de jour.

Le temps partiel : cette solution est souvent utilisée en dernier recours. Car, pour la plupart des salariés aidants, c'est renoncer à des ressources financières qui permettent de faire face aux dépenses liées à la dépendance du proche aidé (soins, reste à charge pour des équipements, accompagnement par des professionnels...). Mais il reste un levier d'action pour les salariés aidants, car il permet une certaine flexibilité. L'employeur a toujours possibilité de refuser le temps partiel, mais il doit motiver son refus.

Trouver des interlocuteurs à l'intérieur de l'entreprise

Pour les salariés qui travaillent dans une grande entreprise, il peut être difficile d'identifier le bon interlocuteur pour échanger et bâtir des solutions. Arriver à déterminer qui sera le bon « facilitateur » est avant tout une question de feeling et de savoir-être.

Parfois, des possibilités d'action vont se dégager avec :

» votre manager ;

» le responsable des RH ;

» le médecin du travail : rôle de conseil, de tiers extérieur à l'entreprise ;

» le Comité social et économique (anciennement CHSCT) et les représentations syndicales (lorsque la taille de l'entreprise le permet).

Pour les salariés de PME, les interlocuteurs sont moins nombreux :

» votre manager ou le responsable des RH ;

» le médecin du travail ;

» les représentations syndicales (lorsque la taille de l'entreprise le permet).

Trouver des interlocuteurs en dehors de l'entreprise

Parfois, il n'est pas possible de trouver un relais direct dans l'entreprise, au risque de perdre son emploi. D'autres interlocuteurs peuvent vous écouter et vous conseiller :

» votre médecin généraliste, votre psychologue ou psychiatre ;

» les travailleurs sociaux de votre réseau de proximité (assistants sociaux de l'hôpital ou du CCAS) ;

» les plateformes téléphoniques dédiées aux aidants ;

- des groupes de parole entre pairs ;
- les Cafés des aidants ;
- les services sociaux des groupes de protection sociale ;
- votre entourage.

Informer ses collègues

Parler de la situation à son collectif de travail demande une certaine dose de courage. C'est difficile à verbaliser pour un aidant, et très complexe à comprendre pour un collègue qui n'a jamais été confronté à une situation semblable à la vôtre. Pourtant, nous pensons que cette information est vitale pour éviter les non-dits et l'interprétation. Le collectif peut être soutenant. Vous pouvez profiter d'un événement spécifique (diffusion d'un film au cinéma ou à la télévision, Semaine nationale des aidants, Journée internationale des personnes handicapées...) pour témoigner dans l'entreprise ou aborder le sujet lors d'un déjeuner. Votre objectif est d'apporter des éléments de compréhension de votre quotidien.

Il est également important d'adopter une stratégie de partage de l'information : si votre rôle d'aidant vous oblige à vous absenter de manière imprévisible, il faut permettre au collectif de travail de continuer à avancer. À vous de trouver les bons compromis afin de partager ce qui est nécessaire.

Éviter la rupture

« Quand le blues va un peu loin », pour reprendre les paroles de Jean-Jacques Goldman, nous avons fréquemment envie de tout envoyer balader. Il est important de ne pas prendre de décision définitive sous le coup de l'émotion ou de la pression. Apprenez à différer vos réponses, à laisser passer la nuit, à écrire vos problèmes du jour le soir avant de vous coucher. Peut-être seront-ils plus légers le lendemain matin.

Et si vous craquez, déculpabilisez-vous : pour votre santé, il est nécessaire de prendre du recul et parfois de s'arrêter de travailler durant un moment (par le biais d'un congé sans solde, ou même d'un arrêt maladie si votre situation l'impose).

Le changement (de poste, de durée de travail...) peut être une opportunité plus respectueuse de vous-même.

Rappelez-vous : la situation est provisoire et peut s'adapter.

Parfois, l'environnement de travail devient toutefois néfaste pour l'aidant, et il est nécessaire d'interrompre cette relation professionnelle en sorte d'éviter d'ajouter à son stress quotidien. Des outils existent dans la législation du travail (rupture conventionnelle, mise en disponibilité...).

Comment communiquer avec son manager ?

Sigrid Jaud, aidante et entrepreneure de l'agence de conseil RH Les Aidantes & Co, créatrice et fondatrice du podcast Plan Aidants

« J'ai dû gérer une situation d'aidance auprès de ma mère atteinte de la maladie de Parkinson pendant près de quinze ans. En parallèle, j'assurais ma vie d'épouse, de mère de deux enfants et mon poste de chef de projet digital à plein temps. Je gérais au mieux avec l'aide de mon frère, même si c'était à distance. Je venais la voir dès que je le pouvais, et je lui téléphonais pratiquement tous les jours. Je gérais au quotidien les intervenants professionnels à son domicile comme les aides à domicile, les infirmières et autres, des rendez-vous que je devais organiser sur mon temps de travail. Ces tâches venaient gonfler ma charge mentale. Je cachais ma situation à mon manager autant que possible car j'avais peur qu'il me retire les dossiers les plus intéressants à traiter, qu'il ne me communique plus les bonnes informations. Parfois, je devais poser des jours à la dernière minute sans pouvoir les justifier, car il y avait une urgence à traiter. J'ai dû lui en parler le jour où il m'est devenu impossible de le cacher, parce que ma mère était de plus en plus malade et avait davantage besoin de ma présence. Je n'avais plus le choix.

« Mon manager a compris ma situation, du moment que je remplissais les objectifs et les délais. Pour l'anecdote, le jour où je suis partie de l'entreprise qui m'employait, expliquant ma situation à mes collègues, j'ai été éberluée de voir les langues se délier. Beaucoup d'entre eux aidaient un proche en plus de leur boulot, sans le dire à personne. Je comprends tellement ! Il y a derrière cela un désir de ne pas être considéré autrement, mais aussi de vouloir préserver sa vie privée, surtout sa dignité. J'ai vraiment compris le pouvoir de la parole, le fait qu'elle est libératrice et bénéfique à tous, si elle est encadrée au sein de l'entreprise.

« Le sujet des aidants salariés reste tabou. Ce n'est pas parce que personne n'en parle que cela n'existe pas. Beaucoup de personnes ne se reconnaissent pas comme aidantes parce qu'aider leur proche est naturel. C'est pour cette raison, et grâce à mon expérience, que je souhaite sensibiliser et accompagner les entreprises et les managers pour aider les aidants salariés à mieux concilier leur vie pro et leur vie perso. J'ai créé Les Aidantes & Co afin de les aider à développer les bonnes pratiques et transformer leur management au service de l'impact social et de leur performance économique, et cela grâce aux aidants, pour leur permettre de bénéficier d'un réel statut et, au final, d'une véritable reconnaissance ! »

Pour plus d'informations : https://www.lesaidantes.com

Et du côté des entreprises ?

Les aidants, une ressource pour l'entreprise

Les salariés aidants font peur aux entreprises, qui les imaginent comme une « charge » et s'attendent à des difficultés supplémentaires, de la lourdeur à gérer, en plus des nombreuses obligations quotidiennes. Ce préjugé résulte d'une méconnaissance du sujet.

En vérité, si les entreprises prennent en compte les préoccupations qu'induit l'accompagnement de leurs collaborateurs, ceux-ci deviennent de véritables ressources pour elles, en termes de croissance économique et de culture managériale durable. Une approche dont pourrait bénéficier l'ensemble des salariés. En effet, investis sur tous les fronts, les aidants développent des qualités indéniables et recherchées par leurs employeurs et leurs collègues : écoute, patience, diplomatie, adaptation, agilité, capacité à faire face aux imprévus et à gérer des situations d'urgence, à trouver des solutions innovantes. Ils développent un bon relationnel, de l'enthousiasme, savent rechercher de l'information, gérer plusieurs intervenants. Ils sont de véritables chefs de projet et, sans le savoir, gèrent leur environnement comme des chefs d'entreprise. Il est sans doute temps, pour vous qui lisez ce guide, de prendre conscience des atouts que vous avez développés à travers votre expérience personnelle et de les faire valoir. C'est une autre façon de devenir acteur afin de ne plus subir votre situation.

Reconnaître les qualités des aidants

Le point de vue de la professionnelle Céline Dauchy, coach consultante certifiée

Être proche aidant n'est pas toujours aussi simple que cela en a l'air. La multitude de tâches à accomplir, dans un contexte socio-économique parfois compliqué, nous permet de développer un grand nombre de compétences, aussi appelées « *soft skills* ». Encore faut-il en avoir conscience !

Il est à la mode en ce moment de parler de *soft skills*, mais qu'est-ce que c'est en fait ? Il s'agit de compétences transverses, qui ne sont pas liées à un métier en particulier. On parle là de savoir-être et non de compétences techniques. Les *soft skills* s'acquièrent tout au long de notre parcours de vie. Certaines prédispositions peuvent en faciliter l'apprentissage.

Voici quelques exemples de *soft skills* que les proches aidants peuvent développer grâce à leur mission d'aide.

» **Gestion du temps** : ils jonglent entre leur travail, leur proche, leurs enfants, etc., et savent quantifier, minuter, anticiper et se rendre présent au bon moment.

» **Agilité organisationnelle** : ils adaptent leur organisation au fur et à mesure de l'évolution de la dépendance de leur proche, avec souvent beaucoup de professionnalisme et d'exigence.

» **Prise de décision** : ils sont parfois conduits à prendre des décisions difficiles, quand le moment de placer leur proche est venu, par exemple.

» **Négociation** : ils peuvent être amenés à négocier avec leur proche pour faire intervenir une personne extérieure à la famille. Sans parler des démarches administratives, professionnelles, sociales...

» **Résilience** : les moments difficiles sont nombreux lorsqu'on aide un proche dépendant. La capacité de résilience est ainsi fortement sollicitée et amenée à se développer.

» **Intelligence émotionnelle** : ils font preuve d'une grande empathie.

» **Intelligence relationnelle** : ils sont amenés à instaurer des relations stables et confiantes avec les différents soignants de leur proche.

Les *soft skills* se développent grâce à notre capacité d'apprentissage, à la connaissance de soi, à notre capacité de mobilisation et d'assumer des relations constructives. Les proches aidants étant fortement sollicités, ils ont la possibilité de développer plus rapidement, plus fortement ces compétences.

Quel est l'intérêt pour les entreprises de porter attention aux *soft skills* des proches aidants ?

À l'heure actuelle, les compétences techniques liées aux métiers sont dépassées au bout de cinq ans environ. Elles doivent constamment évoluer pour s'adapter aux nouvelles technologies et nécessitent bien souvent de passer par la formation. Or les *soft skills* sont des compétences plus stables, qui s'adaptent à tout corps de métier et aux environnements changeants. Ils ont donc de la valeur pour les entreprises car, en les cumulant aux compétences techniques, les salariés sont plus performants. L'intelligence relationnelle permet de favoriser des relations sereines dans l'entreprise et contribue à réduire le stress. Elle facilite le travail d'équipe et l'ouverture d'esprit, par exemple.

Vous l'avez compris, un salarié aidant a largement l'occasion de développer son savoir-être ou ses *soft skills*, peut-être plus que d'autres salariés, moins sollicités dans leur vie personnelle. Si l'entreprise mène une réflexion inclusive des aidants familiaux dans sa politique RH, elle contribuera, en favorisant sa flexibilité, à développer la performance de ses salariés et, par voie de conséquence, ses propres performances.

Les managers ont besoin d'un cadre

Les salariés aidants se confient en premier lieu à leurs collègues et en deuxième lieu à leur manager. Généralement, les solutions sont trouvées de manière informelle au sein d'une équipe, d'un service. Mais personne d'autre n'est au courant au sein de l'entreprise : ils gèrent eux-mêmes la situation avec les moyens du bord.

La difficulté pour les managers est de trouver un soutien, des repères considérés comme « officiels » sur lesquels s'appuyer, passer le relais si besoin. En effet, dans la plupart des cas, les managers ne savent pas quels dispositifs utiliser et risquent de faire face à une surcharge émotionnelle par rapport à la gestion de la situation. Il serait plus sain qu'ils puissent être sensibilisés au sujet et qu'ils bénéficient d'un cadre d'intervention clairement défini par l'entreprise pour qu'ils soient, eux aussi, soutenus dans l'accompagnement de leurs collaborateurs aidants.

Sandra Bouira, aidante et entrepreneure

Témoignage

L'entrepreneuriat comme solution

« J'ai deux enfants, ma fille et mon fils Kémil, atteint d'une maladie génétique rare qui a provoqué un polyhandicap. J'occupais un poste à hautes responsabilités dans la finance. L'inacceptation de ma situation, déjà en tant que mère, au sein de mon travail avait débuté bien avant la maladie de Kemil, puisque j'ai bénéficié d'un congé de présence parentale pour enfant malade qui me permettait de m'absenter et de poursuivre mon activité professionnelle. J'arrivais à tout gérer jusqu'à ce que je tombe une deuxième fois enceinte, et mon employeur l'a encore moins bien accepté. Je me suis sentie obligée d'arrêter de travailler. J'ai négocié une rupture conventionnelle. Mais devenir dépendante n'est pas dans ma personnalité et cette situation m'isolait aussi socialement. J'ai poursuivi mon activité de bénévole pour l'association que j'ai fondée, l'association Kémil et ses amis, qui milite pour rendre accessibles les aires de jeux aux enfants handicapés. J'ai édité sur ce sujet une BD de sensibilisation : *C'est pas du jeu*. J'ai toujours refusé de poser un regard larmoyant sur le handicap. J'apporte plutôt une approche ludique et réaliste sans nier les difficultés inhérentes à l'organisation et à l'impact du handicap sur notre vie de famille.

« Au licenciement de mon mari, nous nous sommes retrouvés à partager les responsabilités à deux. Il m'aidait déjà, mais j'assumais davantage le quotidien. Nous nous sommes lancés dans l'entrepreneuriat en créant le Kawfice, un tiers lieu qui est un prolongement de notre action, un lieu créateur de convivialité et de lien social. C'est un lieu de bureau partagé avec un espace de coworking ouvert autant aux particuliers et aux associations qu'aux entreprises. Certains de nos événements sont destinés à sensibiliser le public autour des aidants familiaux et à mettre en lien les familles qui sont dans l'aidance.

« Ce choix de l'entrepreneuriat nous a aidés à rééquilibrer notre situation familiale autour de nos enfants. Nous nous sentons beaucoup plus libres pour accompagner notre fils, que ce soit pour ses rendez-vous médicaux, sa rééducation... sans nous justifier.

« C'est l'impression que j'avais lorsque j'étais en poste : devoir me justifier auprès de mon employeur. Il acceptait mal que je m'absente pour m'occuper de mon fils. Pourtant je rendais mon travail en temps et en heure, j'atteignais mes objectifs, voire les dépassais. Je réussissais à m'organiser. Cependant, on m'avait cataloguée comme "maman d'enfant malade, souvent absente". C'était dans ce sens un frein pour mon manager. Car, selon lui, je perdais auprès de mon équipe toute légitimité et crédibilité. Je faisais bien la part des choses pourtant, mais on venait me chercher sur le terrain de l'émotion. Faire preuve de professionnalisme n'a pas suffi. On m'a cataloguée malgré moi. C'est vrai que je ne laissais rien filtrer de ce que je vivais au quotidien, même si j'avais avisé mon employeur de mes obligations.

« Il y a un vrai travail de sensibilisation à mettre en place pour les entreprises et auprès de Pôle emploi afin de changer les mentalités et de rendre les aidants moins invisibles. De mon côté, je propose avec des expertes et des coachs un accompagnement aux parents qui ont des enfants en situation de handicap. »

Pour plus d'informations : https://www.lekawfice.com

DANS CE CHAPITRE

Continuer à maintenir un lien social

•

Éviter l'enfermement dans la relation aidant-aidé

•

Faire comprendre ce que vous vivez
Penser à soi
Prendre du recul

Chapitre 9
La vie sociale et les amis

À ce stade du livre, vous aurez compris la nécessité de passer le relais et de trouver du temps pour vous. Mais, dans les faits, ce n'est pas si simple. De nombreux aidants estiment ne pas avoir de temps libre. Pourquoi ? Beaucoup d'entre eux ont peur de gêner ou d'encombrer les autres avec leurs problèmes et ils veulent tout gérer par eux-mêmes. La tête dans le guidon, englués dans leur organisation et leur quotidien, ils se coupent peu à peu des autres avec cette tentation de repli sur eux-mêmes. À cela, il y a plusieurs raisons :

» Face à leurs tentatives de faire comprendre aux autres leur vécu, les aidants peuvent rencontrer incompréhension, manque d'écoute, jugement, voire indifférence.

» Ils ne veulent plus revivre des expériences humiliantes.

» Ils sont las d'avoir toujours à se justifier, s'expliquer, s'excuser… C'est une situation qui peut être vécue comme injuste.

» Ils ont la sensation exacerbée de se sentir responsables des proches aidés : que leur arrivera-t-il s'ils s'absentent ? qui les remplacera ?

» **Ils ne peuvent plus faire autre chose à cause de l'usure et de la fatigue.**

» **Ils n'ont pas envie de rajouter de la complexité à un quotidien déjà compliqué.**

Ainsi ces aidants finissent par s'autolimiter en restreignant leur champ social. À force, ils intègrent un mode de pensée (tendance à faire eux-mêmes les questions et les réponses à cause du manque d'ouverture vers l'extérieur) et un mode de fonctionnement qui leur donnent l'impression de vivre le même quotidien en boucle, accompagné d'une usure aussi bien physique que morale.

Et pourtant, la vie sociale est source d'équilibre puisqu'elle permet de garder de la distance, de nourrir son jardin personnel, de se ressourcer et de trouver l'énergie de poursuivre, de vivre, tout simplement.

Se confier aux autres pour être mieux compris

On ne peut pas toujours attendre des autres qu'ils vous comprennent sans expliquer ce qui vous arrive. D'abord, il vous faut du temps pour digérer la situation, pour observer ce qui semble compliqué et le comprendre. Ensuite, il est nécessaire d'identifier vos émotions, de mettre des mots sur votre vécu en le liant à des cas concrets. Le but est d'expliquer aux autres, le plus clairement et le plus simplement possible, ce que vous vivez chaque jour.

Cela est une aide pour vous car cela donne du sens. Vous nommez vos douleurs, vos difficultés, peut-être aussi vos joies, vos victoires auprès de la personne aidée. Vous mettez au jour ce qui restait invisible au regard des autres. Car personne n'est à même d'imaginer la charge physique et émotionnelle que vous portez.

Vous aimeriez bénéficier d'une bienveillance spontanée. Mais parfois, il vous faut vous apprivoiser mutuellement, laisser la confiance s'installer. Cela demande du temps, de la patience pour voir ce que votre interlocuteur sera en capacité ou non de comprendre par son écoute, ses gestes, sa posture...

Quelques conseils :

» **Choisissez bien le moment pour parler de vos propres difficultés.**

» **Déterminez ce que vous pouvez confier et sous quelle forme.**

» **Dévoilez-vous davantage quand vous avez le feeling.**

» **Acceptez que « l'autre » ne comprenne pas.**

» **Dites ce que vous ressentez et laissez venir.**

Un entourage qui change

En accompagnant votre ou vos proche(s), vous changez vous aussi, sans vous en rendre compte. Vous devez gérer, soutenir, assumer, jongler entre les différentes contraintes, demandes, besoins. Vous vous positionnez forcément différemment. Une évolution que vous ne percevez même pas, car c'est devenu votre quotidien.

En contact avec l'extérieur, avec les autres (proches et connaissances), vous prendrez conscience que vous vous comportez et parlez différemment, à moins que ce ne soient les gens qui vous perçoivent d'une certaine façon qui ne vous correspond plus. Il y a désormais un décalage qui peut conduire à de l'incompréhension, voire à des jugements. Vous n'êtes plus en phase avec certaines personnes, vous avez le sentiment que personne ne peut vous comprendre. Ce constat est douloureux. Vous prenez vos distances et le ménage se fait naturellement autour de vous.

Arrive alors une période déstabilisante où vous perdez pied, habité de doutes, de questionnements, de remises en question, auxquels s'ajoute la perte des repères de tout ce que vous avez appris et vécu. Votre perception du monde change et provoque maintes interrogations sur la fragilité de l'existence, de vos besoins, de vos envies...

Avec toute l'énergie apportée à aider votre proche, vous n'avez pas toujours le temps ni l'envie de vous investir dans de nouvelles relations, avec cette peur d'être jugé ou incompris.

Cette étape de transition est inconfortable, pourtant elle est logique. Cette prise de conscience vous ouvre d'autres horizons, d'autres possibilités offertes par la vie. Vous ne pouvez plus faire comme s'il ne s'était rien passé. C'est le moment de vous redéfinir, d'interroger vos croyances, vos valeurs, vos relations. Sont-elles adaptées à la personne que vous êtes devenue ? Vous allez trouver et construire un nouveau chemin, rencontrer des situations et des personnes avec qui vous serez mieux en phase.

Se séparer, divorcer

Parfois, dans nos parcours, nous rencontrons une décision insupportable à affronter : celle de partir, de quitter une situation devenue invivable. La peur de l'avenir nous tétanise et nous n'osons parfois pas soulever le couvercle de la boîte de Pandore. Cette situation dépassant largement notre situation d'aidant reste taboue tant nous devenons pour notre entourage ces super-héros ! Marc nous parle de son parcours : « J'ai passé trente ans de ma vie avec ma femme. Nous nous sommes rencontrés à la sortie de l'adolescence et profondément aimés. Nous avons eu des enfants, des moments de bonheur intenses, et d'autres moins faciles à vivre. Nous avons avancé ensemble dans un parcours de découverte du handicap et de lutte contre le système pour faire reconnaître ce handicap, lutter contre les bien-pensants et les indifférents, dans le milieu professionnel, dans la famille. Et la vie m'a conduit à envisager de partir, tant le quotidien devenait souffrance. Deux ans après, en repensant à ces moments douloureux, je sais que c'était le meilleur choix, pour moi, pour mes enfants. J'ai oublié qui j'étais dans ce parcours, mis de côté mes rêves, mes aspirations. Aujourd'hui, quand la journée se termine, après le boulot, les courses, les devoirs, le ménage, je suis apaisé, même si le vide est présent, même si je ne sais pas dire mes envies, parler de moi, me confier, toujours dans cette logique de tenir à tout prix. J'essaie avec peine de vivre le présent, sans me noyer dans le passé ni m'inquiéter de l'avenir. Après tout, si j'ai appris quelque chose dans ce parcours, c'est à avoir confiance en la vie. »

Des pistes pour s'ouvrir

À cette étape du parcours, différentes pistes peuvent être explorées :

- **s'écouter ;**
- **se rapprocher de personnes de confiance capables de bienveillance ;**
- **parler avec d'autres personnes vivant des situations similaires ;**
- **prendre soin de soi : s'autoriser des moments de détente ;**
- **défricher de nouveaux cercles relationnels, découvrir de nouvelles activités.**

Se faire du bien

Aider l'autre, c'est d'abord se faire du bien à soi-même. Alors, soufflez ! Rien ne vous sert d'être toujours sur le qui-vive pour répondre aux moindres *desiderata* de votre proche. Plus vous le ferez, plus il y prendra goût. C'est normal, c'est humain. Cette attitude deviendra une habitude et vous aurez davantage de difficultés à vous en défaire.

Acceptez donc l'idée de faire des pauses régulières et de ne pas tout avoir sous contrôle par peur que tout s'écroule autour de vous. Vous sentir stressé, débordé n'aidera pas votre proche à se sentir mieux. Bien au contraire...

L'alternative ? Dites « stop ! » et reconnectez-vous à des plaisirs simples de la vie pendant cinq, dix, vingt minutes, comme :

- **se balader à vélo ;**
- **se promener le nez au vent ;**
- **profiter du soleil ;**
- **contempler un paysage ;**

» faire la sieste ;
» écouter les oiseaux, une chanson ;
» manger un gâteau ;
» boire un café à une terrasse au bord de l'eau.

Écoutez votre cœur qui vous conseille de vous arrêter de temps en temps au cours de la journée et de vous faire du bien.

DANS CE CHAPITRE

Trouver des relais pour se donner le droit de souffler

•

S'accorder du temps pour se reposer

•

S'inspirer d'initiatives permettant de s'accorder un répit

•

Se ressourcer

Chapitre 10

Trouver du soutien et de l'assistance pour souffler

À ce stade du livre, vous avez compris la nécessité de chercher des aides pour prendre soin de vous. Ce chapitre vous permettra de découvrir les initiatives exemplaires destinées à soutenir les personnes vulnérables et leurs aidants.

La demande administrative

Le saviez-vous ?

L'obtention d'une « orientation » vers un établissement ou un service médico-social ne coûte rien si la personne vulnérable n'est pas officiellement admise dans l'établissement (par choix ou manque de places). Elle est en revanche indispensable pour le jour où cela risque de se révéler urgent. Même si vous n'en êtes qu'au stade de la réflexion, avoir le sésame administratif permettra de réaliser l'accueil rapidement le jour où vous serez prêts (sans visa de l'autorité compétente, les gestionnaires d'établissement ne sont pas payés).

Les plateformes de répit et d'écoute

Créées à l'issue du Plan Alzheimer 2008-2012, ces plateformes ont pour vocation d'accompagner les aidants familiaux et leurs proches atteints de la maladie d'Alzheimer (ou de troubles apparentés), ainsi que d'autres maladies ou pathologies entraînant une perte d'autonomie.

Leur rôle :

» informer des aides et dispositifs permettant aux aidants de mieux prendre en charge leur proche malade (aides financières, matérielles...) ;

» apporter un soutien psychologique en face-à-face individuel ou en groupe (groupe de parole) ;

» proposer des solutions de répit pour permettre aux aidants de s'absenter (accueil de jour, recherche d'établissement médico-social pour un hébergement temporaire, intervention à domicile...) ;

» offrir des sessions de formation pour aider les aidants à mieux assurer leur rôle d'aide au quotidien ;

» organiser des sorties sociales et culturelles pour favoriser des temps de loisirs ;

» vous faire rencontrer des spécialistes de la santé (psychologues, kinésithérapeutes, diététiciens, médecins, infirmiers...) ;

» assurer un accompagnement social ;

» écouter, donner des conseils et orienter.

Cet accompagnement est gratuit. Certaines actions comme les sorties ou les interventions ponctuelles à domicile peuvent faire l'objet d'une participation aux frais.

Pour plus d'informations : http://www.pour-les-personnes-agees.gouv.fr/resultats-annuaire?service=point-information

Le Relais des aidants

Le saviez-vous ?

Le fait de parler à quelqu'un d'extérieur aide les aidants à soulager et à réduire leurs inquiétudes, leurs doutes quant aux solutions à trouver. Un simple coup de fil peut faire la différence. C'est ce que propose le Relais des aidants, une plateforme téléphonique tenue par des professionnels (psychologues...) et des aidants familiaux, joignables du lundi au vendredi de 9 h 30 à 13 h. Ils écoutent, soutiennent et orientent les aidants vers les relais (institutions, associations, établissements...) les plus adaptés à leurs besoins. Cette plateforme est destinée à tous les aidants quelle que soit leur situation. Le soutien est gratuit et personnalisé. Ce dispositif ne se substitue en rien à une thérapie, mais vise à soulager l'accompagnant par l'écoute et la parole dans son rôle au quotidien, sous la forme d'un entretien de trois quarts d'heure environ. Il est également possible de solliciter gratuitement un psychologue du Relais.

Site Internet : www.lerelaisdesaidants.fr
Tél. : 01 79 64 48 99

Le saviez-vous ?

Avec nos proches : un réseau d'entraide téléphonique à votre écoute

En un coup de fil, de 8 h à 22 h, sept jours sur sept, les aidants peuvent joindre gratuitement d'anciens aidants qui les écoutent, les informent et les orientent. Puisqu'eux-mêmes sont passés par là, ils savent la pression, la fatigue physique et morale, le ras-le-bol vécu au quotidien. Ils connaissent ce besoin de parler, de déposer ce trop-plein intérieur, de le partager sans jugement et dans le respect.

Cette association nationale soutient les aidants depuis 2012 par cette écoute active. Avec des mots justes, les anciens aidants déculpabilisent, dédramatisent, replacent la situation dans le contexte, aident à prendre du recul et à y voir plus clair. « Être entre pairs permet de parler sans tabou. Souvent, derrière une demande d'information, se cache un besoin de se confier. Les écoutants sont tous des bénévoles formés et reçoivent les appels depuis chez eux dans les créneaux horaires sur lesquels ils se sont positionnés. Le but est d'offrir aux aidants un espace de parole où ils peuvent exprimer leurs préoccupations, leurs craintes, sans filtre. Il est plus facile de demander de l'aide en décrochant son téléphone pour obtenir une réponse immédiate et rassurante à n'importe quel moment, d'autant que les appels restent anonymes. Il s'agit dans un premier temps de libérer la parole.

Les temps d'échange durent en moyenne quarante-cinq minutes. Le résultat ? Une sensation de bien-être, de s'être délesté d'un poids, et surtout un soulagement immédiat. Si besoin, chaque bénévole a en outre un cahier de ressources pour orienter les appelants vers les structures correspondantes de proximité (Clic, plateformes, Relais…). « Nos bénévoles leur donnent l'information, mais en aucun cas ne font la démarche à leur place. S'ils le souhaitent, nous pouvons entamer les recherches pour eux et nous les rappelons pour leur transmettre les informations, explique Maëlle, la responsable des écoutants. En 2020, nous avons reçu plus de 4 000 appels. Notre souhait d'ici à 2023 est de recevoir 25 000 appels en passant de 60 à 300 bénévoles afin d'être davantage dans l'accompagnement. »

En parallèle des écoutes téléphoniques, l'association propose aux aidants, une fois par semaine, de participer à des ateliers Connect'Aidant, des groupes d'échange entre pairs (six aidants maximum par groupe), toujours par téléphone et toujours gratuitement.

Site Internet : https://www.avecnosproches.com/
Tél. : 01 84 72 94 72 (coût d'un appel local)

Parole d'expert

Le Dr Anne Malouli-Dohr, fondatrice d'Haltemis

« C'est en mettant en place de la prévention auprès des aidants qu'il est possible de mieux prendre en charge leurs proches. Auprès des aidants, je prône l'égoïsme altruiste : écouter ses propres besoins, prendre en considération sa santé, ses limites, permet de mieux aider son proche. Cela découle d'un constat. Dans mon parcours de médecin, j'ai souvent rencontré des aidants déboussolés ayant vécu comme un échec le fait de placer leur proche en Ehpad, par exemple, parce qu'eux-mêmes étaient tombés malades et ne pouvaient plus assurer leur soutien quotidien. Ces institutionnalisations devaient se mettre en place dans l'urgence. Ce n'est humainement pas tenable. Cette prise en charge institutionnelle sur un mode catastrophique est préjudiciable aux aidants et aux aidés. Je pense qu'il est possible d'agir de façon préventive. J'ai constaté l'importance d'intervenir en amont avec les aidants, de leur donner des billes pour mieux les accompagner et communiquer avec leurs proches. Cela ne permet pas toujours d'éviter une institutionnalisation, mais celle-ci est mieux anticipée.

« J'ai moi-même été aidante sans le savoir à deux reprises pour mes parents, qui ont eu des problèmes de santé graves. Cette expérience n'a pas été le moteur de mon engagement auprès des aidants, mais elle a influencé ma pratique médicale, et notamment ma façon de communiquer auprès des malades, et des familles. Souvent, les professionnels de santé ou du médico-social se focalisent sur la pathologie et s'adressent aux malades et à leurs aidants de manière technique et assez dépersonnalisée. Mais, derrière les problèmes médicaux, il y a des histoires de vie, des personnalités à prendre en compte. Par exemple, dans le cadre d'un retour à domicile après une hospitalisation, la prise en compte de l'environnement de la personne et de ses proches est primordiale. Ce n'est pas parce qu'une personne a des enfants que ceux-ci seront aptes à la prendre en charge à domicile.

Contact : contact@haltemis.fr
Site Internet : https://haltemis.fr

Les procédures d'urgence pour les personnes handicapées

La procédure d'urgence pour les personnes handicapées concerne tous les éléments de la Prestation de compensation du handicap (PCH) : l'aide humaine, les aides techniques, l'aménagement du domicile...

Elle permet l'attribution provisoire d'un de ces éléments dans un délai de quinze jours. C'est particulièrement utile en cas de défaillance de l'aidant. Cela permet par exemple de renforcer la présence d'auxiliaires de vie sociale suite à l'hospitalisation ou au décès d'un aidant, ou bien d'admettre la personne handicapée en établissement.

Bien entendu, il faut s'assurer que la demande relève d'une situation urgente (*cf.* « Et la loi ? », ci-dessous). Pour introduire cette demande de procédure d'urgence, il faut avoir préalablement déposé un dossier de demande de PCH auprès de la MDPH ou déposer cette demande lors de la procédure d'urgence.

Pour formuler cette procédure, écrivez sur papier libre au président du Conseil départemental de votre lieu de résidence. Vous devez indiquer quels éléments de la PCH vous demandez en urgence. Un certificat médical de votre médecin (généraliste ou spécialiste) doit préciser les détails médicaux et caractériser l'urgence de la situation. Bien entendu, vous pouvez y joindre tout autre élément permettant une meilleure compréhension de votre situation (factures, devis, attestations, copie de bail...). Envoyez la demande en courrier recommandé avec accusé de réception. La loi prévoit une réponse sous quinze jours. N'hésitez pas à appeler quelques jours après pour vous assurer que la demande a été bien reçue et prise en compte comme « urgente ».

Si vous ne vous sentez pas la force ou les compétences de constituer ce dossier en urgence, rapprochez-vous de professionnels de proximité (réseau social du Conseil départemental, par exemple, ou assistants sociaux de l'hôpital, ou associations) qui pourront réaliser les démarches à vos côtés.

Et la loi ?

L'arrêté du 27 juin 2006 fixe les conditions de l'urgence dans son article 2 : « La situation est considérée comme urgente lorsque les délais d'instruction et ceux nécessaires à la commission des droits et de l'autonomie des personnes handicapées pour prendre la décision d'attribution de la prestation de compensation sont susceptibles soit de compromettre le maintien ou le retour à domicile de la personne handicapée ou son maintien dans l'emploi, soit de l'amener à supporter des frais conséquents pour elle et qui ne peuvent être différés. »

Les procédures d'urgence pour les personnes âgées

Pour les personnes âgées, la procédure d'urgence permet l'accès en urgence à l'aide sociale, ce qui ouvre le droit au financement d'un accueil d'urgence en établissement, à la mise en place d'une aide ménagère lorsque l'aidant est en difficulté (en cas d'hospitalisation, par exemple), ou à l'attribution de la PCH (aide humaine, aides techniques...) ou encore de l'Allocation personnalisée d'autonomie (Apa).

Cette demande peut être formulée par la personne elle-même, sa famille ou un tiers de proximité. Elle doit être déposée auprès du Centre communal (ou intercommunal) d'action sociale (Clic) ou auprès du président du Conseil départemental. Là encore, si vous n'êtes pas rompu aux dossiers administratifs, demandez conseil et assistance aux professionnels qui vous entourent, ou à d'autres aidants experts.

Et la loi ?

Vous retrouverez l'ensemble des informations relatives aux procédures d'urgence dans ces articles du Code de l'action sociale et des familles : L.131-3, L.232-12, L.245-2 et R.245-36. Comme toutes les lois françaises, ces textes sont consultables librement sur le site **www.legifrance.gouv.fr**.

Une procédure d'urgence en cas de danger et/ou rupture de parcours de soin pour les personnes handicapées et/ou âgées

Fin octobre 2013, l'affaire Amélie Loquet a fait grand bruit. Avec le soutien de l'Unapei (Union nationale des associations de parents, de personnes handicapées mentales et de leurs amis, anciennement Union nationale des associations de parents d'enfants inadaptés), ses parents ont engagé une procédure de référé-liberté au nom du « droit à la vie » auprès du tribunal administratif du Val-d'Oise pour contraindre l'État à trouver une place pour cette jeune femme de 19 ans atteinte d'une maladie génétique rare, le syndrome de Prader-Willi. Sa maman confiait que le handicap de sa fille, entraînant boulimie et violence, était devenu totalement ingérable, avec une véritable menace sur sa propre intégrité et celle de ses proches.

Le tribunal a rendu un verdict en faveur de la famille, obligeant l'État à lui octroyer une place en établissement spécialisé en moins de quinze jours. Une décision exemplaire et surtout inédite qui « menaçait » de créer d'autres précédents pour toutes les familles confrontées à des cas similaires.

Depuis, un dispositif d'alerte départemental, régional et national a été mis en place sur les situations dites critiques : rupture de parcours de prise en charge des soins pour les personnes handicapées et les personnes âgées et/ou danger avéré pour ces mêmes personnes et leurs proches.

Voici les différentes étapes de la procédure.

- L'alerte est enclenchée dès lors que le 3977, numéro national d'appel contre la maltraitance des personnes âgées et handicapées, reçoit les appels.
- À l'échelon départemental, les MDPH constituent, en lien avec les Conseils départementaux, une commission en charge de la gestion des situations critiques pour trouver une solution.
- Si aucune solution n'est trouvée au niveau de la MPDH, l'ARS désigne un référent régional qui prend le relais.

» Si aucune solution n'est encore trouvée, l'ARS alerte la Caisse nationale de solidarité pour l'autonomie (CNSA). Celle-ci met alors en place une cellule nationale d'appui aux situations critiques afin de trouver les solutions adéquates et d'identifier les bonnes pratiques d'accompagnement.

Les transports à la demande

Lorsque l'on est en situation de fragilité, de par l'âge ou le handicap, se pose très souvent la question des transports. La personne aidée a besoin au quotidien de faire ses courses, de rencontrer du monde, d'aller au travail, d'être soignée. Pour l'aidant, ces besoins représentent de nombreux trajets, des temps d'attente pas toujours compatibles avec sa propre vie.

En milieu urbain, et parfois aussi en milieu rural, il existe des dispositifs de transport à la demande. Ils sont mis en place par les pouvoirs publics pour permettre aux personnes empêchées de se déplacer librement, d'être véhiculées de leur domicile vers un lieu déterminé. Ces dispositifs prennent dans chaque ville un nom différent. Ils sont en général accessibles après le dépôt d'un dossier accompagné d'un certificat médical, et tarifés de la même façon que pour les autres usagers (en général, au prix d'un ticket de bus).

Des activités avec son proche

Il est conseillé de voir la relation avec son proche autrement qu'au travers du seul prisme de l'aide. Considérer ainsi votre relation avec lui, c'est ne penser celle-ci qu'en termes d'efficacité et d'organisation des tâches à accomplir. Cela peut engendrer des frustrations, de la tension, des angoisses, du stress, de la fatigue, des reproches... et altérer vos rapports. Alors qu'à l'origine, vos liens étaient basés sur l'affection et le respect. Pouvez-vous envisager différemment cette relation en partageant des moments ancrés dans le plaisir ? C'est essentiel pour préserver ce qui vous lie au-delà de la maladie, du handicap. C'est proposer de faire ensemble des activités que votre proche est capable d'investir (sans le forcer et à son rythme) : promenade, cinéma, activités ludiques (jeux de société), restaurant… Tout ce qui peut vous sortir de vos habitudes devenues contraintes et obligations. Le but est de permettre à chacun de retrouver sa vraie place (parents, époux, enfants…). Certaines associations proposent des activités en commun (sportives, artistiques…). Il s'agit de vous faire prendre conscience qu'il y a de la place pour autre chose qu'être uniquement dans la notion d'aide, souvent synonyme de sacrifice et de « fardeau ». Dès maintenant, posez-vous la question : comment pourriez-vous partager des moments privilégiés avec votre proche ?

Les Bobos à la ferme, du répit sur mesure à taille humaine

Élodie d'Andréa et Louis Dransart ont refusé de céder à la fatalité. Ces deux cadres ont arrêté de travailler pour s'occuper de leur fille atteinte d'une maladie neurodégénérative. Parce qu'il était impossible de tout concilier, ils ont quitté la région parisienne pour s'installer dans les Hauts-de-France. « La vie à Paris était compliquée, pas adaptée, surtout invivable en suivant un rythme de vie qui allait à 1 000 à l'heure, explique la jeune femme. Malgré tout, nous avions besoin d'un salaire. Il nous fallait donc une activité à domicile qui nous apporte assez de souplesse pour continuer à nous occuper de notre fille. Nous avions aussi conscience qu'en entrant dans nos vies, la maladie et le handicap nous plongeaient dans une mort sociale qui nous obligeait à renoncer à une grande partie de ce que nous étions jusqu'alors. Tout était remis en question, car le système n'était pas soutenant : s'il n'y a pas de véritable volonté politique et de solidarité nationale, un des deux parents, souvent la mère, doit mettre un terme à sa carrière, rester à domicile pour s'occuper de son enfant malade ou en situation de handicap. Et ce sacrifice, on s'y refusait ! » explique-t-elle. Louis et elle ont donc imaginé les Bobos à la ferme, un projet pour créer leur propre écosystème de répit labellisé « tourisme et handicap ». Le but : apporter de nouvelles solutions et rendre effectif le droit au répit, avec la création d'hébergements touristiques et de séjours adaptés.

Quatre gîtes, deux chambres d'hôtes, une salle multisensorielle Snoezelen et une salle d'activités sont aménagés dans un ancien corps de ferme, également lieu de vie des deux porteurs de projet. Cette offre touristique accessible s'adresse aux aidants, aux personnes en situation de handicap, aux touristes grand public avec des prestations à la carte (relayage, loisirs, prévention santé, bien-être), pour répondre aux attentes et besoins de chacun.

Le couple accompagne les familles qui en ont besoin dans leurs démarches. « Le reste à charge est calculé individuellement en fonction des situations familiales. Les aides peuvent couvrir 10 à 90 % du coût du séjour. Mais il est important que chaque famille participe à hauteur de 10 % minimum du coût de l'hébergement. C'est une question d'équité et d'engagement », précise Élodie.

Les Bobos à la ferme a également passé des partenariats avec des acteurs du territoire comme l'association Bulle d'air, qui propose de relayer les aidants auprès de leurs proches, entre trois et quarante-huit heures d'affilée, souvent trente-cinq heures pour une semaine, afin de leur permettre de souffler, de se reposer, de faire des visites aux alentours, de passer plus de temps avec les autres enfants de la fratrie, qui n'obtiennent pas toujours l'attention que les parents souhaiteraient leur donner.

En 2017, avec le Laboratoire de répit, le couple a mis en place des espaces de rencontre et de dialogue : « Les rendez-vous des parents extraordinaires » – le samedi généralement – autour d'ateliers (séances de yoga et de sophrologie, ateliers d'écriture…), d'événements et de séances d'information (conseils administratifs et juridiques…).

Le couple a un deuxième projet : rénover un nouveau lieu entièrement dédié aux aidants, une plateforme ressource qui abordera toutes leurs préoccupations, mobilisant des solutions institutionnelles administratives, financières, sociales, liées à l'emploi, au répit, aux loisirs... « Nous voulons apporter des réponses à chaque moment de la vie des aidants, à des étapes clés de leur parcours », espère Élodie. Tout ce qui contribue à une meilleure reconnaissance des aidants familiaux dans un environnement inclusif et innovant.

Contact : bonjour@lesbobosalaferme.fr
Site Internet : http://www.lesbobosalaferme.fr
Tél. : 06 35 36 60 96

Plateforme téléphonique Tous Mobilisés

La fédération Grandir Ensemble a ouvert une plateforme gratuite au bénéfice des familles. Ces dernières peuvent contacter une équipe d'éducateurs via un numéro vert (0 805 035 800) du lundi au vendredi, de 9h à 17h, ou remplir un formulaire en ligne pour faire part de leurs besoins. Les familles ont ainsi la possibilité de demander l'intervention de professionnels habilités à leur domicile, de bénéficier d'un temps d'écoute et de conseil à distance pour surmonter les phases plus difficiles, de se faire aider dans la recherche d'un mode de garde pour continuer ou reprendre leur activité professionnelle, ou encore de recevoir de l'aide pour envisager l'organisation de leur été.

www.grandir-ensemble.com
0805 035 800

La Communauté 360

La Communauté 360 est une plateforme d'appel mise en place pour les personnes en situation de handicap et leurs aidants, soignants, proches et parents d'enfants en situation de handicap. Le but : trouver des solutions complètes et individualisées à leurs besoins. Pilotées conjointement par les agences régionales de santé, les conseils départementaux et les Maisons départementales pour les personnes handicapées (MDPH), la Communauté 360 réunit l'expertise d'associations, des établissements et services médico-sociaux, de l'hôpital, des professionnels de santé de ville, de l'école, des entreprises, de la mairie, des services publics, des citoyens. Ces collectifs sont joignables sept jours sur sept grâce à un numéro national unique. Les solutions proposées se concentrent sur quatre axes : l'accès aux soins, les solutions de répit, le soutien aux enfants en situation de handicap confiés à l'aide sociale à l'enfance, les interventions renforcées en cas de situation complexe ou critique.

Tél : 0800 360 360

Les Villages Répit Famille

Beaucoup d'aidants renoncent à s'accorder des vacances, tenaillés par l'angoisse de partir sans solution de remplacement. Vous-même, vous avez peut-être supprimé ce désir fondamental de vos projets. Pourtant, il est essentiel de s'autoriser à prendre du recul, de se ressourcer dans un autre lieu et un autre cadre sous peine de tutoyer l'épuisement. Il est désormais possible de partir en vacances avec votre aidé tout en prenant du temps pour vous reposer. Pour cela, il existe des dispositifs (encore rares mais qui tendent à se développer) vous autorisant « à prendre le large » tout en restant auprès de votre proche. C'est ce que proposent les Villages Répit Familles (VRF), créés *à* l'origine par PRO BTP et AFM-Téléthon, avec le soutien de l'Agirc-Arrco.

Quel est le concept ?

C'est à la fois un village de vacances pour toute la famille et un service d'accueil temporaire assurant la prise en charge de la personne handicapée ou malade, libérant ses proches de certaines contraintes (toilette, habillage...). Un service d'aide aux aidants propose des animations et un espace de parole. Il est ainsi possible de participer à des programmes d'information et/ou de formation en présence d'autres « pairs », le but étant d' « armer » et de donner des outils pour mieux faire face aux situations de la vie quotidienne, une fois les vacances terminées.

Chaque « village vacances » est adossé à une structure médico-sociale (nécessitant une orientation de la MDPH). En amont, le séjour est soigneusement préparé selon vos besoins et attentes : hébergement, activités en commun ou non... Un accompagnement sur mesure pour permettre aux aidants de souffler en toute quiétude.

Voici la localisation des villages avec leurs spécificités :

» le VRF Touraine (près de Tours) accueille les personnes *âgées* de plus de 60 ans en perte d'autonomie ainsi que leurs aidants ;
» le VRF La Salamandre (Pays de la Loire) accueille les familles dont un membre est atteint d'une maladie invalidante rare, notamment neurodégénérative ou neuromusculaire ;
» le VRF Les Cizes (massif du Jura) accueille les personnes en situation de handicap.

Bon à savoir : il existe une possibilité de prise en charge d'une partie du séjour sous certaines conditions financières (Caf, caisses de retraite, MDPH, CCAS, associations, mutuelles, ANCV...). Renseignez-vous auprès des services du village choisi qui vous aideront à monter votre dossier.

Site Internet : https://www.vrf.fr
Tél. : 05 57 885 885

Pour des vacances ordinaires : le réseau Passerelles

Prendre des vacances ? Il faut déjà en avoir les moyens ! 43 % des familles ayant un enfant porteur d'un handicap renoncent à partir. Néanmoins, avec le réseau Passerelles (fondé par la fédération Loisirs Pluriel), il est possible pour les parents de goûter à de vraies vacances, de s'offrir du répit et de souffler avec leur enfant, en famille. Il est pris en charge dans un lieu de séjour adapté, ainsi que l'ensemble de la fratrie, par des professionnels compétents qui assurent le relais (éducateurs spécialisés, animateurs...). Le séjour est préparé en amont et son surcoût peut être financé par la MDPH au titre du droit au répit, ainsi que par quelques Caf.

Pour plus d'informations : http://www.reseau-passerelles.org

Les haltes répit

Les haltes répit permettent à des personnes âgées atteintes de la maladie d'Alzheimer ou de troubles apparentés de participer à une demi-journée ou une journée d'activités socioculturelles et ludiques hors de leur domicile. L'aidant peut ainsi bénéficier d'un moment de répit. Ces structures expérimentales non médicalisées permettent la prise en charge de douze personnes maximum, pour un tarif modéré, par des professionnels qualifiés et des bénévoles.

Astuces : pour trouver une structure proche de chez vous, tapez ces mots clés sur Internet : « [votre département] + haltes répit ».

Les haltes relais et les sorties de France Alzheimer

L'association France Alzheimer propose des haltes relais dans le but d'accueillir aidés et aidants autour d'ateliers artistiques, à raison de demi-journées, entre une et quatre fois par mois. L'objectif : permettre aux « couples » d'avoir des activités communes en dehors de leur cadre habituel et de rencontrer d'autres personnes vivant la même situation. À terme, il s'agit d'encourager les aidants à rompre l'isolement, à oser demander de l'aide et à prendre conscience que leurs proches malades peuvent s'épanouir autour d'activités avec et en présence d'autres personnes. Les ateliers sont animés par des bénévoles et par un psychologue. Ces haltes se veulent être des lieux de soutien, d'écoute, de partage et de bienveillance. L'association propose aussi des sorties culturelles (visites de musée, cinéma, pique-niques, restaurant, spectacles vivants...).

Site Internet : http://www.francealzheimer.org

Tél. : 0 800 97 20 97 ou 0970 818 806 (le soir de 20 h à 22 h, sept jours sur sept)

Les séjours de répit de France Alzheimer

France Alzheimer organise des séjours de répit pour les aidants et leurs proches, ensemble ou même séparés. Chacun paie en fonction de ses revenus avec la possibilité d'obtenir des aides financières.

Ressource, un répit face au cancer

Apprendre que son proche (enfant, conjoint, parent...) est atteint d'un cancer est toujours bouleversant et traumatisant. En France, 1 famille sur 3 est concernée. Au-delà des soins et de tout ce qui est lié à l'univers de l'hôpital, il existe des lieux où il est possible de s'en extraire. Ils s'attachent à préserver le corps, les émotions et la relation avec l'entourage. C'est le cas de l'association Ressource, à Aix-en-Provence, un « lieu parenthèse » où malades et aidants peuvent souffler, prendre soin d'eux ensemble ou séparément.

Ce centre a mis en place un programme pensé tout spécialement pour les aidants : le Programme personnalisé d'accompagnement thérapeutique (PPACT). Le principe ? Après un entretien individuel avec un psychologue, les aidants se rendent à deux ateliers par mois pendant une durée de six mois. Si le soutien à la personne malade est primordial, la recherche d'écoute, de réconfort et de partage d'expérience pour les accompagnants l'est tout autant. Les sujets abordés : gestion du stress, communication relationnelle, gestion des émotions...

Contact : ppact-aidants@association-ressource.org

Site Internet : http://www.association-ressource.org

Tél. : 04 42 22 54 81

La Vie autour, un accompagnement face au cancer

Partager des instants simples, discuter et parler aussi des sujets sensibles, être entouré tout simplement, faire évoluer positivement le quotidien de tous : les proches jouent un rôle essentiel face au cancer ! Et, pas question de l'ignorer, la maladie peut aussi vous impacter. Il existe des accompagnements : groupes de parole sur le quotidien (environnement, famille…), lignes téléphoniques d'écoute, conseils de vie et de soin, accompagnement régulier.

Pour trouver une association près de chez vous :
https://www.lavieautour.fr/map/aider-mes-proches

La Ressourcerie, un lieu de répit

La Ressourcerie est un lieu de vie et de répit à destination des aidants et de tous, au cœur de Bordeaux, pour se ressourcer ensemble et prendre du temps pour soi. Au programme : ateliers d'écriture, séances de respiration et de yoga, tricot, marche… Le lieu offre également un accompagnement social et psychologique.

Site Internet : www.la-ressourcerie.com
Tél. : 05 47 74 32 61

LÉA, la maison des aidants

Située sur la commune du Gond-Pontouvre, la Maison de LÉA (lieu d'écoute pour les aidants) est un espace convivial d'animation ouvert sur le monde. Porté par l'association UNA 16-86, ce lieu ouvert et participatif accueille des proches aidants depuis septembre 2020, quelle que soit la pathologie de la personne qu'ils accompagnent. Il est aussi ouvert aux associations et partenaires comme France Alzheimer, France Parkinson, la Croix-Rouge, les plateformes de répit, etc. C'est un lieu de dialogue, d'écoute et de ressources qui permet d'échanger, d'informer et d'orienter les proches aidants charentais.

Conçu pour l'accompagnement des aidants, il propose une approche globale de l'accompagnement. Il organise des ateliers de sophrologie, d'art-thérapie et de gymnastique, ainsi que des formations et ateliers thématiques. Pendant ces activités, les aidants ont la possibilité d'être accompagnés de leurs proches, qui sont pris en charge par l'équipe. Ce lieu d'accueil et d'écoute dispose de plusieurs espaces accessibles aux personnes à mobilité réduite et aménagés pour recevoir les proches aidants et les personnes qu'ils accompagnent. Il est animé par des personnes qualifiées en animation et accompagnement social, secondées par un volontaire service civique mais aussi par une équipe dynamique de bénévoles. La Maison de LÉA intervient également dans des conférences ou journées dédiées à la question des aidants, et collabore à des revues comme la *Gazette des aidants*, à des émissions radio et à d'autres journaux ou sites Internet spécialisés.

La Maison de LÉA, 20 impasse de la Valenceaude, 16160 GOND-PONTOUVRE (sans rendez-vous du mardi au vendredi)

Contact : lblanc.una1686@gmail.com
Tél. : 06 81 46 23 58 et 06 22 61 80 52

Tilia, l'assistant personnel qui soulage les aidants

Tilia est une application conçue spécialement pour les aidants. Elle les conseille dans la recherche de prestataires de services qualifiés, les soulage dans la prise de rendez-vous et les accompagne dans leurs démarches administratives. Créée en 2018, la plateforme Tilia a pour ambition de soutenir les aidants familiaux dont un proche est fragilisé (handicap, maladie, accident de la vie, grand âge). Cette solution marie une application mobile à un assistant personnel, bien humain, lui, joignable vingt-quatre heures sur vingt-quatre et sept jours sur sept, par téléphone, courriel ou tchat. Il s'agit de conseiller l'aidant, de l'orienter, d'être pour lui un appui sur le plan logistique, de chercher les bonnes informations et les bons interlocuteurs, de s'occuper de la mise en relation, des devis, de commander un billet de train pour rejoindre son proche hospitalisé, de trouver des solutions d'hébergement provisoire pour trouver du répit...

Contact : contacts.tilia@bnpparibas.com
Site Internet : https://info.tilia-aidants.fr
Tél. : 01 46 39 29 54 (appel gratuit)

Ma Boussole Aidants, une solution pour orienter les aidants

Pour faciliter leur orientation parmi la multitude d'acteurs, de services et d'informations, Ma Boussole Aidants est un service digital qui centralise l'accès aux informations et aux aides disponibles en proximité pour les aidants et leurs proches. L'objectif est de leur faire gagner du temps et de l'énergie grâce à des réponses claires, fiables et personnalisées : des témoignages sur les moments clés dans l'accompagnement d'un proche, des préconisations de solutions géolocalisées correspondant à la situation du couple aidant-aidé, et un simulateur d'éligibilité aux aides financières. Il s'appuie pour cela sur un réseau de partenaires institutionnels et associatifs. Cet outil est aussi à la disposition des travailleurs sociaux, auxquels il offre une vision d'ensemble de tous les dispositifs mobilisables auprès de leur public sur leur territoire.

Pour en savoir plus : https://maboussoleaidants.fr/

Bulle d'Air, une association ressource pour l'autisme

Le centre Bulle d'Air accueille quatre-vingts enfants de 3 à 11 ans atteints d'un trouble du spectre autistique (TSA), au rythme d'une demi-journée par semaine, voire deux fois par semaine pour les plus jeunes. Pour les parents, c'est un temps de répit, un lieu spécialisé où ils sont compris et où leurs enfants peuvent se socialiser. Pendant quatre heures, les enfants bénéficient d'un temps de loisirs et de rééducation : orthophonie, psychomotricité… Autant de rendez-vous en moins pour les parents !

Au sein du centre de loisirs, Bulle d'Air les accueille chaque jour de 8 h 30 à 12 h 30 et de 14 h à 18 h par groupes de sept maximum.

Dans l'unité de prise en charge précoce dédiée aux très jeunes enfants autistes, les deux demi-journées se déroulent sur trois heures consécutives pendant lesquelles ils bénéficient d'un temps de stimulation, de rééducation orthophonique et psychomotrice. Toutes ces prises en charge se font en individuel. Tous les mois sont organisés des groupes de parole par type de handicap.

Bulle d'Air, 17 rue Ernest-Gouin, 78290 CROISSY
Site Internet : http://www.centrebulledair.com
Tél. : 06 20 54 27 43

Baluchon, des relayeurs au domicile de l'aidant

L'association Baluchon France développe le « relayage », initiative québécoise de soutien aux aidants en cours d'expérimentation en France. C'est une solution de répit pour les aidants de personnes handicapées ou en perte d'autonomie : un professionnel formé, expérimenté et supervisé accompagne l'aidé à domicile, vingt-quatre heures sur vingt-quatre, de trente-six heures à douze jours consécutifs, pour permettre à l'aidant de partir en vacances. Le « relayeur » s'occupe de l'aidé comme le ferait l'aidant. C'est une solution pour maintenir un aidé dans son lieu de vie, dans ses habitudes, en respectant ses rythmes et en évitant le changement de professionnels autour de lui. Le relayage permet aussi à l'aidant de confier la responsabilité de sa maison et de son proche à une seule et même personne. Baluchon France se développe depuis 2013 et surtout depuis 2019 en expérimentation. « J'ai passé deux ans au Québec pour me former au "baluchonnage" québécois. C'est une solution qui se développe doucement en France, grâce à une dérogation de la législation du travail pour autoriser les "relayeurs" à travailler vingt-quatre heures sur vingt-quatre plusieurs jours consécutifs. Ils bénéficient de tous les repos compensatoires auxquels ils ont droit. C'est une solution qui mérite de trouver sa place en France parmi les offres de répit », explique Rachel Petitprez.

Pour plus d'informations : https://baluchonfrance.com/aidants

Handi Surf, un lieu de rencontre autour des activités nautiques

Handi Surf a créé à Bayonne la Maison des Aidants, destinée aux familles de jeunes en situation de handicap participant aux activités nautiques proposées par l'association. Ce lieu de rencontre convivial et neutre apporte un soutien aux familles à travers des réunions mensuelles ouvertes. Une permanence est également assurée cinq jours par semaine pour apporter information et écoute, et offrir des moments de détente et de bien-être grâce à des ateliers stand-up paddle, pirogue, yoga, massage, coiffeur... Ces moments leur permettent de partager leurs expériences, de s'accorder une pause et de mieux connaître les dispositifs existants. Les familles ont été accueillies dans un premier temps à Biarritz, où l'association dispose d'une permanence, et le sont depuis le 4 octobre 2020 à Bayonne, dans la Maison des Aidants qui accompagnera près de 300 familles par an, une fois la crise sanitaire passée.

Contact : jean-marc@handi-surf.org
Site Internet : http://www.handi-surf.org
Tél. : 06 81 60 05 53

Espace Singulier, des relais pour les aidants

Créée en 2008, l'association Espace Singulier facilite le quotidien des personnes malades, en situation de handicap ou en perte d'autonomie liée à l'âge ainsi que leurs aidants en Essonne. Pour répondre aux particuliers et aux professionnels, l'association a créé trois relais gratuits et innovants qui fonctionnent en synergie : Ressources, Répit et Mobilité.

Le relais Répit propose des répits ponctuels au domicile des tandems aidant-aidé. Un relayeur bénévole formé reste auprès de la personne dépendante (de une à quatre heures) pour que l'aidant puisse souffler. Depuis 2014, vingt-cinq relayeurs bénévoles permettent de soutenir plus de deux cents tandems aidant-aidé à leur domicile. « Durant la crise sanitaire, nous avons pu observer, via les appels reçus, la dégradation de la situation des aidants.

Nous avons donc complété ce relais en proposant des "parcours de répit" qui se glissent dans le quotidien de ces personnes. Durant ces parcours, nous proposons à l'aidant d'évoquer ce qu'il désire faire et nous organisons ses rendez-vous ou sorties afin de le soulager », commente Sandrine Podolak.

Site Internet : https://www.espacesingulier.org
Tél. : 09 83 21 34 21

Les séjours Répit pour les familles de proches en situation de handicap psychique

Créés en 2009 par l'association Répit, repris en 2014 par l'Œuvre Falret, les séjours Répit s'adressent aux familles et proches de personnes malades ou handicapées psychiques. Au cours de ces séjours, les aidants bénéficient de formations (prise de recul face à la maladie mentale, réflexion sur le rôle d'aidant, gestion des émotions et du stress...), de séances de relaxation et de remise en forme (tai-chi, activités corporelles, shiatsu) mais aussi de loisirs, d'ateliers d'arts créatifs, de moments de partage leur permettant de sortir de l'isolement. Les séjours s'adressent à un public en provenance de tout le territoire national et ont lieu dans des régions touristiques attractives et/ou centrales, changeant régulièrement d'endroit en fonction des besoins. « Les aidants en santé mentale sont assez peu identifiés, voire invisibles, tout comme le handicap psychique », explique Sandrine Broutin. « Cela paraît incroyable d'arriver en huit jours à transformer le cours d'une vie. Les aidants ont alors une autre vision de ce que va être leur vie », commente Catherine Savourin.

Pour plus d'informations :
https://falret.org/nos-actions/sejours-aidants-familiaux-repit

La Maison de Répit de Lyon, pour se ressourcer

La Maison de Répit offre aux personnes malades ou en situation de handicap habitant la métropole de Lyon et à leurs proches aidants un lieu et un temps réguliers (jusqu'à trente jours par an) pour se reposer, se ressourcer, être accompagné et préparer un retour plus apaisé au domicile. Construite au cœur d'une propriété boisée d'un hectare, à dix minutes du centre de Lyon, la Maison de Répit offre un cadre naturel et apaisant propice au répit des personnes accueillies. Elle dispose d'une vingtaine de chambres et studios familiaux. La Maison de Répit est constituée d'une équipe mobile qui évalue, en pluridisciplinarité, les besoins des proches aidants et qui coconstruit un plan de soin de répit. Trois types de séjours peuvent s'organiser :

» séjour de la personne fragilisée seule ;

» séjour de la personne fragilisée et de son ou ses proche(s) aidant(s) ;

» séjour du proche aidant seul.

Maison de Répit, 41-43 avenue du 11-Novembre-1918, 69160 Tassin-La-Demi-Lune

Contact : contact@maison-repit.fr

Site Internet : http://www.maison-repit.fr

Tél. : 04 69 85 99 87

Manureva Répit, des vacances aidant-aidé « sur mesure »

Après le premier confinement lié au Covid, le besoin de répit des aidants s'est révélé plus que crucial. Mais du repos ou des vacances, comment en prendre alors que leur emploi du temps est surchargé, qu'il faut tout réorganiser pour retrouver un semblant de vie à la sortie de cet enfermement forcé ? La start-up Manureva Répit, créée en 2018, essaie d'y répondre à sa manière avec des offres de séjours « clés en main », en proposant aux aidants un accompagnement personnalisé qui répond au besoin d'être informé sur les dispositifs et aides possibles, mais aussi guidé et conseillé dans leur démarche de répit.

Avec la crise du coronavirus, de nombreux aidants ont dû prendre en charge leur proche dépendant chez eux comme ils le pouvaient, en endossant plusieurs rôles à la fois : kiné, soignant, aide à domicile... À être ainsi sur tous les fronts, ils sont vite épuisés, aussi bien physiquement qu'émotionnellement. Et toujours en silence. Comme d'habitude ! Pas étonnant donc que la thématique choisie par les aidants pour la Journée nationale des aidants de 2020, portée par le collectif Je t'Aide, soit celle du répit. Car, du répit, toutes celles et ceux qui s'investissent pour leurs proches, jusqu'à s'oublier, en ont réellement besoin. Or, quand un aidant pense à se reposer, c'est toujours pour plus tard, quand le moment sera plus propice. Et puis les jours, les semaines, les années passent, et il n'y pense plus. Effectivement, comment trouver du temps alors qu'il passe le sien la tête dans le guidon, à tout gérer ? Sans compter que partir en vacances, ce sont des tracasseries supplémentaires à gérer et à caser dans un emploi du temps déjà bien rempli : il faut choisir la destination, régler le problème du transport, trouver le logement adapté... Et si on ajoute à cela l'aspect financier... Car les vacances, c'est bien beau mais ça coûte de l'argent... « Voilà ce que se disent la plupart des aidants quand on se met à leur place », résume Sylvain Dauber.

Partant du constat que les aidants n'ont ni le temps ni les moyens de s'accorder du répit, Sylvain Dauber et son associé Jean-François Puntel proposent de prendre le relais et d'accompagner les aidants dans leur démarche de répit en étudiant leurs freins et leurs besoins majeurs pour leur donner accès à des séjours de répit adaptés et modulables. Sylvain Dauber travaille dans le secteur du tourisme depuis vingt ans : « J'en connais bien toutes les ficelles ! » avoue-t-il.

« Nous souhaitons donner toute l'année aux aidants et à leurs aidés la possibilité de fréquenter d'autres lieux, et pas forcément avec des personnes en situation de fragilité comme eux. Ils ont besoin de voir autre chose », explique l'entrepreneur. Manureva Répit propose donc des séjours sur mesure, à des prix accessibles.

Après un entretien téléphonique depuis le centre d'appels pour recueillir les besoins, un référent se charge des aspects administratifs et logistiques en organisant le séjour de A à Z (constitution du dossier paramédical, transfert et coordination pour l'aidant et l'aidé sur le lieu du séjour, planning des intervenants, mise en place des services d'aide à la personne…). Manureva Répit oriente les aidants, si besoin, vers différentes aides financières (CCAS, MDPH…). La start-up dispose également d'accords-cadres avec certaines caisses de retraite et mutuelles qui permettent un financement partiel du séjour.

Pour les lieux de villégiature, le choix est large. « Nous avons à ce jour en catalogue 30 000 séjours d'une semaine, que ce soit en résidence de tourisme, en appart'hôtel, en hôtel, en station thermale ou en croisière. Nous voulons démontrer qu'il est possible de concilier le tourisme avec le fonctionnement spécifique de chacun en proposant des services adaptés », complète Sylvain Dauber.

Contact : infos@manurevarepit.fr
Site Internet : manurevarepit.fr
Tél. : 04 93 37 61 44

Stéphanie Herrbach, aidante, illustratrice indépendante et fondatrice d'Helpy

Témoignage

« Mon envie d'entreprendre pour les aidants est partie de mon expérience personnelle. J'avais des difficultés à communiquer avec ma maman, âgée de 72 ans et atteinte de la maladie d'Alzheimer depuis cinq ans. En tant qu'aidante principale, je m'occupais des courses, du ménage, des rendez-vous médicaux, du soutien logistique… je n'étais plus dans la relation. J'étais devenue son chauffeur, son assistante de vie, tout sauf sa fille. Avec le recul, j'ai failli y laisser ma peau.

« Le déclic, je l'ai eu grâce à mon fils – il avait 6 ans à l'époque. Pendant que je m'occupais, comme d'habitude, de l'aspect logistique, mon fils jouait aux cartes avec sa grand-mère et ils rigolaient ensemble. Je les regardais avec envie : moi aussi, je voulais m'amuser. Nous avons sorti des boîtes de jeux, nous les avons adaptés et à chaque visite, nous jouions tous les trois.

« Je me suis alors remise en question et j'ai commencé à déléguer les tâches du quotidien à des professionnels pour me consacrer à l'essentiel : la relation avec ma maman. Peu à peu, j'ai retrouvé la joie de passer des moments privilégiés avec elle. Grâce à cette expérience, j'ai eu l'idée de créer Helpy, un jeu sur tablette ludique, ergonomique et stimulant pour les aidants qui accompagnent leurs proches atteints de maladies neuro-dégénératives. Le jeu est modulable et personnalisable selon l'avancée de la maladie et les compétences du moment. On joue ensemble et en coopération.

« Après avoir interrogé les aidants, il était important de sortir de l'approche purement médicale. Helpy est donc une solution de loisirs. C'est une façon aussi de prendre de la distance avec les obligations du quotidien, d'éviter la brusquerie, l'incompréhension, de se remettre dans la relation et d'être davantage dans l'échange avec son proche autour d'une activité simple. Tout au long de l'expérience de jeu, les aidants reçoivent astuces et conseils.

« En parallèle du jeu, une lettre d'information propose du contenu, des jeux à partager avec son proche. Nous proposons également des conférences inspirantes de quarante-cinq minutes, durant lesquelles des aidants et des aidés témoignent et nous poussent à la réflexion sur des thématiques liées à l'aidance et au positivisme.

Pour plus d'informations : https://helpy-lejeu.fr

La Résidence sociale, des séjours de vacances pour aidants et aidés

Œuvrant depuis près de cent ans auprès des personnes fragilisées à travers son projet associatif, l'association La Résidence sociale gère des établissements en Île-de-France et en Maine-et-Loire.

L'activité Loisirs-Handicap au château de Briançon propose des vacances adaptées aux enfants, aux jeunes et aux adultes en situation de handicap au cœur de l'Anjou. Des moments de détente et d'apprentissage loin d'endroits familiers, une occasion d'être autonome tout en s'amusant.

Les objectifs :

» à travers un séjour de convivialité, valoriser l'autonomie des usagers ;

» développer et favoriser la socialisation et les rencontres dans le cadre d'un lieu nouveau ;

» apporter un « mieux-vivre » et susciter un intérêt quant aux activités proposées ;

» donner accès à un lieu de repos pour que le séjour soit vécu comme de véritables vacances.

La partie hôtelière du château de Briançon propose également quatorze chambres aux aidants afin de participer au parcours des aidés. De nombreuses activités sont accessibles à proximité du château : balades sur la Loire, découvertes de sites troglodytes, caves, châteaux...

Contact : accueil.socioculturel@lrs49.fr

Site Internet : http://www.laresidencesociale.org

Les services et établissements médico-sociaux

Pour accompagner les personnes handicapées et âgées, l'État a progressivement mis en place différentes structures de services et d'hébergement collectif, décrites dans le Code de l'action sociale et des familles (CASF). Il existe 966 267 places en établissements et services médico-sociaux (pour les personnes âgées, les adultes et les enfants handicapés) réparties sur 18 800 établissements[14].

14. Selon l'Agence nationale d'amélioration de la performance (Anap) et la Caisse nationale de solidarité pour l'autonomie (CNSA).

Cela concerne aussi bien des services qui interviennent à domicile, comme les services d'accompagnement à la vie sociale, que les établissements spécialisés d'aide par le travail, les entreprises adaptées, les foyers de vie, les foyers d'hébergement, les MAS... La plupart de ces structures nécessitent une autorisation administrative et souvent le dépôt d'un dossier d'aide sociale pour couvrir partiellement ou totalement les coûts liés à l'accueil. Bien souvent, l'accueil nécessite la contribution de la personne accueillie.

Le nombre de places existantes semble important, toutefois elles recouvrent à la fois des structures qui interviennent au domicile et des structures d'hébergement. D'après nos calculs, il existe un peu plus de 700 000 places en hébergement pour les personnes âgées et environ 250 000 places d'hébergement pour les enfants et adultes handicapés. En nous basant sur la description de la Caisse nationale de solidarité pour l'autonomie[15], nous vous proposons un inventaire des solutions existantes.

La prévention, le dépistage et l'accompagnement pour les enfants handicapés

- Les Centres d'action médico-sociale précoce (CAMSP) ont vocation à dépister le handicap et à soigner des enfants handicapés de moins de 6 ans. Les équipes intervenantes regroupent différentes compétences mises à disposition des familles, mais également des établissements de la petite enfance.
- Les Centres médico-psycho-pédagogiques (CMPP) accueillent les enfants souffrant de troubles neurologiques et/ou psychiques ou du comportement. L'objectif est de les aider par le biais de techniques médicales et de rééducation.

15. http://www.cnsa.fr/accompagnement-en-etablissement-et-service/les-esms-quest-ce-que-cest.

La prévention, le dépistage et l'accompagnement pour les adultes et enfants handicapés

- Les Centres de ressources autisme (CRA) accueillent et orientent les personnes concernées et leur famille. Ils apportent des informations sur l'autisme, les troubles envahissants du développement et les troubles du spectre autistique aux familles comme aux professionnels.
- Les Centres d'information sur la surdité (CIS) sont des services régionaux d'information des personnes sourdes, de leur famille et de tous publics. Leur rôle est de répondre aux questions concernant l'audition, la surdité, l'éducation des jeunes enfants sourds (éducation précoce, scolarisation, formation professionnelle...) et la vie des personnes sourdes (réglementation, droits sociaux, dispositifs de formation continue, vie quotidienne, culturelle, sportive...).
- Les unités expérimentales d'évaluation, de réentraînement et d'orientation sociale et professionnelle (Ueros) permettent d'évaluer les capacités des personnes cérébro-lésées et de construire avec elles un projet social ou professionnel, en fonction des aspirations des personnes accueillies et des potentialités existantes après l'accident.

L'accompagnement en milieu ordinaire de vie pour les enfants

- Les Services d'éducation spéciale assurent un soutien pour l'accueil des enfants à l'école ou l'acquisition de l'autonomie des enfants et adolescents jusqu'à 20 ans, en liaison avec les familles. Ils sont spécialisés par handicap et interviennent au domicile, ainsi qu'à l'école.
- Les Sessad (Services d'éducation spéciale et de soins à domicile) sont consacrés aux déficiences intellectuelles et motrices, ainsi qu'aux troubles du caractère et du comportement.
- Les SSAD (Services de soins et d'aide à domicile) sont consacrés au polyhandicap, associant une déficience motrice et une déficience mentale sévère ou profonde.

» Les Ssefis (Services de soutien à l'éducation familiale et à l'intégration scolaire) sont consacrés aux déficiences auditives graves des enfants de plus de 3 ans.

» Les Saaais (Services d'aide à l'acquisition de l'autonomie et à l'intégration scolaire) sont consacrés aux déficiences visuelles graves des enfants de plus de 3 ans.

L'accompagnement en milieu ordinaire de vie pour les adultes

» Les Ssiad (Services de soins infirmiers à domicile) assurent, sur prescription médicale, les soins infirmiers et d'hygiène générale, ainsi qu'une aide dans les actes essentiels de la vie quotidienne. Destinés aux personnes âgées de plus de 60 ans malades ou dépendantes et aux personnes de moins de 60 ans avec un handicap ou atteintes de maladie chronique, ils contribuent à leur maintien à domicile. Des équipes spécialisées Alzheimer offrent un accompagnement particulier à ce type de public.

» Les Spasad (Services polyvalents d'aide et de soins à domicile) regroupent des professionnels de l'aide à domicile et du soin.

» Les Samsah (Services d'accompagnement médico-social pour personnes adultes handicapées) interviennent et/ou coordonnent le parcours de soins de personnes vivant à domicile. Ils ont également vocation à suivre le projet d'accompagnement de chaque personne sur le versant social.

» Les SAVS (Service d'accompagnement à la vie sociale) s'occupent de personnes adultes handicapées vivant soit à domicile, soit dans des structures d'hébergement pour adultes handicapés.

» Les GEM (Groupes d'entraide mutuelle) sont des associations souples et innovantes, fondées sur un projet d'entraide mis en œuvre par les personnes handicapées (handicaps psychiques, cérébro-lésions) elles-mêmes, accompagnées par un ou plusieurs animateurs et une association marraine. Ces lieux ont vocation à accueillir toute personne, handicapée ou non, disposant ou non d'une reconnaissance administrative de son handicap.

Comment s'y prendre ?

Le saviez-vous ?

Dans tous les établissements, il existe des procédures d'admission, des dossiers à remplir. Pour mettre en place un accueil temporaire, prenez contact avec celui qui vous intéresse, muni de l'orientation administrative. Il vous faudra ensuite planifier les dates ou les jours d'accueil (parfois longtemps à l'avance). Nous vous recommandons d'anticiper le plus possible, notamment pour les démarches administratives.

Les hébergements d'accueil temporaire

Il s'agit d'un hébergement limité dans le temps de personnes âgées ou handicapées dont le maintien à domicile n'est momentanément plus possible : isolement, absence des aidants, travaux dans le logement... Cet hébergement peut également être une transition après une hospitalisation et avant le retour à domicile. Cette solution permet aussi aux aidants de souffler quelques semaines. Ces établissements d'hébergement proposent des places « permanentes » (où l'on peut rester sans durée déterminée) et quelques places « temporaires ».

L'hébergement en institution pour les enfants

Les établissements d'éducation spéciale accueillent des enfants et adolescents handicapés. Lorsque l'intégration scolaire en milieu ordinaire n'est pas envisagée (du fait de l'importance du handicap, par exemple), ils assurent une prise en charge éducative, pédagogique et thérapeutique adaptée à l'ensemble des besoins de chaque jeune. Organisés différemment selon l'âge et les enseignements dispensés, ils proposent des modalités d'accueil variées : internat, semi-internat, externat, placement familial... Le jeune bénéficie ainsi d'une prise en charge par des équipes comprenant notamment des enseignants de l'Éducation nationale. Si nécessaire, ces établissements peuvent également apporter un soutien aux jeunes en milieu scolaire ordinaire.

» Les IME (Instituts médico-éducatifs) accueillent des enfants et adolescents déficients intellectuels, quel que soit le degré de leur déficience.

» Les Itep (Instituts thérapeutiques, éducatifs et pédagogiques) accueillent des enfants ou des adolescents présentant des troubles du comportement importants, sans déficience intellectuelle. L'enseignement est dispensé soit dans l'établissement par des enseignants spécialisés, soit en intégration dans des classes d'établissements scolaires proches.

» Les IEM (Instituts d'éducation motrice) accueillent des enfants présentant une déficience motrice importante entraînant une restriction extrême de leur autonomie. Certains sont spécialisés dans l'accueil des enfants polyhandicapés.

L'hébergement en institution pour les adultes

» Les FAM (Foyers d'accueil médicalisés) accueillent des adultes handicapés nécessitant un suivi médical régulier et proposent un accompagnement pour effectuer les actes essentiels de la vie courante, une surveillance médicale, ainsi qu'une aide éducative en sorte de favoriser le maintien ou l'acquisition d'une plus grande autonomie.

» Les MAS (Maisons d'accueil spécialisées) reçoivent des adultes lourdement handicapés qui ne peuvent effectuer seuls les actes essentiels de la vie, et dont l'état nécessite le recours à une tierce personne pour les actes de la vie courante, une surveillance médicale et des soins constants. Les soins ne sont pas intensifs. Il s'agit essentiellement d'une surveillance médicale régulière avec recours à un médecin en cas d'urgence et de la poursuite des traitements, des rééducations d'entretien et des soins de nursing.

» Certains foyers de vie ou « occupationnels » (foyers d'hébergement pour travailleurs handicapés) accueillent des personnes qui ne sont pas en mesure de travailler, mais qui disposent d'une certaine autonomie physique ou intellectuelle. Ils peuvent offrir un accueil à la journée ou à temps complet. D'autres établissements assurent l'hébergement des travailleurs handicapés exerçant une activité pendant la journée en milieu protégé ou ordinaire.

» La mission des CRP (Centres de rééducation professionnelle) consiste à dispenser une formation qualifiante aux personnes handicapées en vue de leur insertion ou réinsertion professionnelle, soit vers le milieu de travail ordinaire, soit vers le milieu protégé.

» Les Esat (Établissements et services d'aide par le travail) sont des structures de travail adaptées dans lesquelles des personnes handicapées exercent une activité professionnelle dans des conditions de travail aménagées où elles bénéficient d'un soutien social et éducatif.

L'hébergement en institution pour personnes âgées

» Les Ehpad (Établissements d'hébergement pour personnes âgées dépendantes) accueillent les personnes âgées en perte d'autonomie dont le maintien à domicile devient difficile. Ils peuvent comporter des unités spécialisées pour accompagner les personnes souffrant de troubles lourds et de la maladie d'Alzheimer : les pôles d'activité et de soins adaptés, et les unités d'hébergement renforcé.

» Les résidences autonomie (anciennement logements-foyers) sont des groupes de logements associés à des équipements ou à des services collectifs (restauration, infirmerie, animation...). Ils offrent aux personnes âgées qui ne sont pas dépendantes une solution associant logement autonome et services collectifs. Ces établissements ne sont généralement pas médicalisés.

» Les USLD (Unités de soins de longue durée) accueillent, à l'hôpital, les personnes âgées dépendantes dont l'état de santé nécessite un suivi médical.

» Les petites unités de vie sont des formes d'accueil destinées à maintenir les personnes âgées dans leur milieu de vie habituel. Elles offrent des espaces « privatifs » permettant de vivre comme au domicile, et des espaces collectifs pour la préservation de l'autonomie et de la participation des personnes.

» Avec l'accueil familial, la personne âgée ou la personne handicapée est accueillie à titre payant dans une famille autre que la sienne. Une à trois personnes au maximum sont hébergées. Les personnes âgées qui ne veulent plus ou ne peuvent plus rester à leur domicile peuvent ainsi demeurer dans leur région et maintenir une vie de famille plus conviviale qu'en institution.

Focus

L'accueil familial comme solution d'hébergement

L'accueil familial est une solution d'hébergement pour les personnes âgées ou handicapées qui ne peuvent ou ne veulent plus vivre chez elles, momentanément ou définitivement. Proposé par des accueillants familiaux agréés par le Conseil départemental, il constitue une alternative à l'hébergement en établissement. L'accueillant peut être une personne seule ou un couple, et peut héberger des personnes seules ou en couple.

Les accueillants familiaux reçoivent les personnes âgées ou handicapées chez eux et leur font partager leur vie de famille moyennant rémunération. Ils leur proposent un accompagnement ponctuel ou au long cours personnalisé, dans un cadre familial qui leur permet de bénéficier d'une présence aidante et stimulante.

Cette forme d'accueil est encore rare dans certains départements, mais la loi du 28 décembre 2015 relative à l'adaptation de la société au vieillissement vise à la développer.

Pour plus d'informations

Association nationale des accueillants familiaux et de leurs partenaires : https://www.famidac.fr
Fédération nationale des aidants et accueillants familiaux : https://fnaaf.org
France accueil familial : http://www.franceaf.fr

De nouvelles alternatives : l'habitat inclusif

Les Français ont une mauvaise image des établissements médico-sociaux. C'est tout du moins ce que l'on pourrait penser d'après une enquête réalisée par la Direction de la recherche, des études, de l'évaluation et des statistiques (Dress) en 2018. Pour 65 % des Français, vivre à l'avenir dans un établissement pour personnes âgées n'est pas envisageable. Il ressort que l'entrée en établissement est vue comme un déracinement, une rupture difficile à vivre sur bien des plans, avec des conséquences problématiques sur l'état de santé de la personne accueillie. Avec l'apparition du coronavirus, les conditions d'hébergement des résidents en Ehpad ont intensifié la propagation de l'épidémie, entraînant une mortalité sans précédent (plus de 35 000 morts si l'on cumule les personnes décédées en Ehpad et celles vivant en Ehpad et décédées à l'hôpital), dépassant largement le triste épisode caniculaire de 2003. Rester à son domicile si cela peut être rendu possible permet, selon l'enquête, de préserver jusqu'au bout un environnement fait de souvenirs, de conditions de vie jugées plus favorables, avec de l'autonomie et de la liberté. Et, ici aussi, les limites de cette vie « seul chez soi » ont été atteintes lors des multiples confinements, entraînant un profond isolement des personnes vulnérables et une absence totale de visibilité de leur état physique et moral.

Pour les personnes en situation de handicap, l'envie d'habiter de manière autonome est forte pour plusieurs raisons :

» Il existe trop peu de places en établissements d'hébergement et elles ne permettent pas à tous de trouver des solutions. Certaines personnes attendent des années qu'une place se libère, d'autres occupent une place dans un établissement qui n'est pas ou plus adapté à leur situation. C'est le cas notamment des 6 000 jeunes adultes handicapés relevant de l'amendement « Creton ». Cet amendement, du nom du comédien Michel Creton qui l'a défendu, permet depuis 1989 à ces jeunes adultes ayant atteint l'âge limite de prolonger leur hébergement dans leur établissement pour enfants en attendant une place en structure pour adultes.

» Les personnes en situation de handicap aspirent à une égalité de traitement, particulièrement depuis la loi de février 2005 sur l'égalité des chances des personnes handicapées. Cette loi a ouvert un champ du possible : celui de la vie à domicile accompagnée par des aidants professionnels, les auxiliaires de vie sociale.

» Les nouvelles générations ont vécu les débuts de l'école inclusive. Après avoir réalisé toute sa scolarité à l'école « ordinaire », comment imaginer entrer à 20 ans dans un établissement collectif de cinquante places ?

En France, depuis près de vingt-cinq ans, de nombreuses associations (particulièrement dans le champ du handicap) ont voulu offrir cette opportunité de vie au cœur de la cité (au sein des villes et villages, à proximité des commerces) à travers le développement de projets d'habitats partagés et accompagnés, à taille humaine, insérés en cœur de ville ou de village, et combinant de nombreux services. Ces initiatives ont été lancées par des pionniers pour différents publics : handicap psychique, autisme, handicap mental, personnes âgées, malades ou plus généralement en perte d'autonomie.

Et la loi ?

Depuis fin 2018, « l'habitat inclusif » bénéficie d'une reconnaissance institutionnelle. L'article 129 de la loi Élan n° 2018-1021 du 23 novembre 2018 portant évolution du logement, de l'aménagement et du numérique donne à l'habitat inclusif une définition adossée à un cahier des charges, ainsi que l'accès à un financement de l'animation de la vie partagée au cœur de ces habitats, afin que les personnes vulnérables partageant des espaces privatifs et des espaces communs bénéficient d'une interaction riche, entre elles-mêmes et avec la vie associative et citoyenne locale.

De plus en plus d'habitats inclusifs se créent en France, portés par des associations médico-sociales (dans un objectif de transformation de leur offre de services), des collectivités, des bailleurs sociaux, des foncières solidaires, des associations non gestionnaires constituées principalement d'aidants familiaux. Leur développement est massivement soutenu par les politiques publiques, et les freins institutionnels, financiers et opérationnels sont progressivement levés[16].

L'habitat inclusif est donc destiné aux personnes handicapées et aux personnes âgées qui font le choix, à titre de résidence

16. Dans la poursuite de l'impulsion donnée par les dispositions de la loi Élan, avec la création d'un forfait pour l'habitat inclusif, le Premier ministre a chargé M. Denis Piveteau, conseiller d'État, et M. Jacques Wolfrom, président du comité exécutif du groupe Arcade, de formuler des propositions pour favoriser le développement de ce type d'initiatives dans les territoires, et répondre ainsi aux aspirations de nos concitoyens. Rapport « Demain je pourrai choisir d'habiter avec vous », D. Piveteau et J. Wolfrom, juin 2020.

principale, d'un mode d'habitation regroupé (appartements individuels regroupés ou colocations). Elles élaborent ensemble un projet de vie sociale partagé autour d'un espace commun. Solidaires, elles peuvent partager leurs ressources et choisir l'ensemble des services qui leur sont nécessaires (notamment un service à la personne pour l'aide au quotidien), et sont accompagnées pour l'animation de leurs activités collectives.

Pour les aidants, ces solutions apportent :

» **une réponse de proximité dans leur ville ou village ;**

» **un mode d'accès au répit sans la « culpabilité » liée au « placement » ;**

» **des solutions pérennes pour leurs proches, complémentaires aux institutions et services existants ;**

» **des habitats accessibles financièrement au plus grand nombre, les projets étant portés majoritairement par des bailleurs sociaux ou des foncières solidaires (Familles solidaires, Habitat et Humanisme, etc.) ;**

» **des projets construits avec les aidants, dans lesquels leur implication est possible, aux côtés d'autres acteurs professionnels.**

Pour les personnes aidées, ces projets apportent des réponses en matière :

» **d'autonomie accompagnée, avec la présence d'aidants professionnels (auxiliaires de vie sociale, travailleurs sociaux...) intervenant à domicile ;**

» **de lutte contre l'isolement au travers d'appartements regroupés ou en colocation permettant de créer des interactions, des activités et du lien social ;**

» **de participation à la vie citoyenne, par la localisation géographique centrale des habitats, à proximité des commerces, administrations et transports en commun ;**

» **de mutualisation de ressources (charges locatives, courses, présence d'auxiliaires de vie sociale) facilitant l'accès aux plus modestes ;**

» de mutualisation d'espaces (salle commune avec des appartements regroupés) ou de colocations.

Familles solidaires

Tout commence en 2013. Face à l'absence de réponses adaptées en nombre suffisant pour assurer l'accompagnement et la prise en soins de leurs proches (solution d'hébergement type maison d'accueil, maison de convalescence), huit familles et amis de personnes handicapées se regroupent. Ils investissent 180 000 € dans un fonds solidaire d'investissement. Ces aidants ont pris le risque de créer une nouvelle forme de solidarité pour permettre à d'autres de trouver des réponses. L'idée est d'éviter que d'autres aidants suivent le même parcours du combattant. Ils partagent tous la conviction qu'ensemble, il est plus facile de faire face à ce cataclysme familial que représente le handicap, l'accident ou la maladie.

C'est ainsi qu'est née la foncière Familles solidaires. Le projet d'habitat inclusif K'Hutte à Strasbourg (67) a vu le jour deux ans plus tard pour cinq personnes atteintes de lésions cérébrales acquises.

Face au succès du concept d'habitat inclusif – ou habitat accompagné, partagé et inséré dans la cité –, le groupe associatif Familles solidaires s'est développé et a obtenu l'agrément Esus (Entreprise solidaire d'utilité sociale) ainsi que le label Finansol (label de la finance solidaire qui garantit la solidarité et la transparence des actions). Le capital investi n'est pas garanti. Les investisseurs bénéficient de réductions fiscales incitatives.

L'équipe de Familles solidaires a grandi, tout comme son expertise en habitat inclusif. Plusieurs projets ont vu le jour (sept en 2021), soutenus par l'épargne solidaire :

» des appartements groupés pour personnes âgées en situation de handicap ;

» une colocation pour personnes atteintes de la maladie d'Alzheimer ;

» des habitats regroupés pour seniors en perte d'autonomie ;

» une colocation pour des jeunes adultes polyhandicapés (épilepsie et autisme).

Neuf ans plus tard, Familles solidaires a acquis une expertise reconnue en portage de projet d'habitat inclusif, d'ingénierie sociale et d'essaimage sur tout le territoire. L'objectif reste le même : offrir des solutions de logement et d'accompagnement adaptées aux personnes fragilisées. Les habitats créés mobilisent différents acteurs du territoire pour assurer une continuité de services facilitant la vie quotidienne (domotique, présence vingt-quatre heures sur vingt-quatre, animations...), tout en garantissant aux personnes logées le statut de locataire, comme à n'importe quel citoyen.

Aujourd'hui doté d'un centre d'expertise pour la formation et le conseil, d'un fonds de dotation et de plusieurs associations régionales, le groupe associatif Familles solidaires porte et accompagne des projets partout en France. Membre originel de l'Observatoire national de l'habitat inclusif, il représente et défend auprès des pouvoirs publics les proches aidants porteurs de projet d'habitat inclusif, tout en participant activement à l'élaboration des textes de loi sur le sujet.

Contact : info@familles-solidaires.com

Site Internet : http://www.familles-solidaires.com

Tél. : 09 72 57 57 98

Partie 4
Tenir la distance

Dans cette partie...

Penser à vous, c'est prendre du temps pour dormir, vous divertir, vous changer les idées, faire des choses pour vous et rien que pour vous. Ce temps privilégié est une quasi-nécessité que la plupart des aidants oublient de s'accorder. C'est un temps où vous allez pouvoir souffler, vous ressourcer, prendre du recul face à un quotidien prenant et éreintant, pour repartir de plus belle. Car l'objectif n'est pas que vous vous épuisiez, mais que vous duriez en prêtant attention à ce que vous mettez de plus en plus de côté : le sommeil, votre santé, l'activité physique, les petits plaisirs de la vie comme les promenades, la lecture... Vous évader, voir autre chose. La finalité n'est pas de faire un sprint où vous donnez le meilleur de vous-même et vous retrouvez essoufflé avant d'atteindre la ligne d'arrivée. Le risque est de manquer d'énergie et de ressource. Par conséquent, de vous épuiser autant physiquement que psychologiquement. Sur le principe, vous êtes peut-être d'accord. Mais, dans ce cas, qui va s'occuper de votre proche en votre absence et dans quelles conditions ? Pour les aidants, un des enjeux majeurs est de tenir leurs engagements dans le temps. La répétition de situations difficiles peut rendre hypersensible au stress et aux aléas de l'existence. Il s'agit donc de considérer ce parcours comme une course de fond, où il vous faudra économiser vos ressources internes pour être présent auprès de votre proche dans de bonnes conditions. Il n'y a pas d'obligations à agir ou à accompagner coûte que coûte.

DANS CE CHAPITRE

Se fixer des objectifs réalisables

•

Parler et se confier pour être mieux soutenu

•

Changer d'air pour ne pas s'enfermer dans la relation aidant-aidé

Chapitre 11
Des stratégies pour durer

Aider, c'est d'abord prendre soin de soi. Nous vous proposons dans cette partie quelques méthodes à appliquer pour durer. Et, puisque nous sommes tous appelés à nous poser la question de l'après-nous, nous vous proposons quelques conseils à lire et relire.

Peut-être ces quelques suggestions entreront-elles en résonance avec votre situation actuelle et évoqueront-elles pour vous des pistes à mettre en œuvre.

À chaque jour suffit sa peine

À chaque jour sa difficulté. Parfois, vouloir tout faire en même temps conduit au dispersement et à la perte d'énergie. À vouloir anticiper les problèmes, à vouloir répondre aux besoins de l'autre, vous vous empêchez parfois de profiter des moments d'accalmie qui s'offrent à vous : tendresses, sourires partagés avec l'aidé ou avec des amis autour d'un café, lors d'une promenade...

Vouloir que tout soit parfait n'est pas toujours souhaitable. Faites au mieux avec ce que vous avez et l'état d'esprit du moment.

Fixez-vous des objectifs réalisables, jour après jour. Cette politique des petits pas vous permet d'avancer à votre rythme, de reconnaître et d'apprivoiser vos limites. Gardez vos forces pour l'essentiel. Posez-vous les questions suivantes.

» Qu'est-ce qu'il est important de réaliser aujourd'hui ?

» Qu'est-ce qui me met en position d'inconfort ?

» Qu'est-ce qui pourrait m'apporter du bien-être aujourd'hui ?

Être soutenu humainement et psychologiquement

On ne l'écrira jamais assez : l'être humain est un animal sociable qui a besoin de parler pour partager avec d'autres ses joies, ses peurs, ses questionnements. Pourtant, cette parole n'est pas toujours facile à poser, face aux amis ou à la famille. Par manque de temps, d'empathie ou de compréhension de vos enjeux et des mécanismes qui vous tiraillent...

Ce temps d'exploration intérieure peut prendre différentes formes complémentaires qui vous aideront à partager ce qui rend votre quotidien parfois difficile :

» la possibilité d'être suivi par un psychologue ou un psychiatre, en ville ou à l'hôpital, ou au sein d'équipes mobiles hospitalières (équipes mobiles de la douleur, équipes gérontologiques...) ;

» l'échange avec des pairs (personnes qui vivent la même situation que vous auprès de proches dépendants) au sein de groupes de parole organisés par des associations, des hôpitaux, des établissements et services médico-sociaux ;

» des temps de formation qui permettent de prendre de la distance par rapport à votre situation, mais aussi de mieux comprendre comment appréhender les problématiques.

De nombreuses personnes traversent les mêmes épreuves que vous, et la compréhension des difficultés des autres peut éclairer votre propre parcours.

Certaines de ces options vous amèneront peut-être à prendre un traitement médicamenteux, ponctuellement, pour vous soutenir. Les médecins psychiatres sont les plus à même de prescrire avec justesse, en ajustant le traitement au fur et à mesure de votre travail de parole. Rien d'anormal à être soutenu pour retrouver plus de sérénité et vous aider à faire face. C'est normal et souvent indispensable.

L'Association française des aidants, France Alzheimer et d'autres initiatives locales associatives existent pour permettre aux aidants d'être écoutés et soutenus. Les caisses de retraite ont également développé des initiatives précieuses en la matière. Internet constitue une mine d'informations pour trouver (à proximité) des réponses adaptées. Et rappelez-vous, dans votre parcours, que d'autres ont eu à faire face à la dépression, à la fatigue extrême : parfois un simple échange en salle d'attente, chez le médecin, permet d'explorer de nouvelles pistes.

Éviter l'enfermement

Sans s'en rendre compte, il est facile de s'enfermer dans la relation aidant-aidé. Pour pouvoir encore vous investir, il est important de vous autoriser à vous oxygéner, à sortir, à avoir vos propres projets, à ne pas vous oublier.

Changer d'air et d'espace est salutaire. Trouvez des personnes à qui parler, déposez les poids émotionnels et psychologiques. Sinon, vous risquez de voir apparaître des tensions qui peuvent déboucher sur des conflits. Sans vous en rendre compte, vous pourriez ne plus être attentif aux besoins de votre proche et vous montrer maltraitant malgré vous. L'extérieur – amis, professionnels – peut constituer ce point de vigilance, vous alerter sur des éléments ou situations dont vous ne vous êtes pas rendu compte ou que vous ne voyez plus à force d'avoir la tête dans le guidon.

Les faire entrer dans votre intimité, même par un coup de fil, permettra à ces personnes de se rendre compte de votre réalité, de se mobiliser plus facilement et de prendre « leur part du gâteau » quand vous demanderez à être soutenu. L'impossible est d'abord dans nos têtes : autocensure, anticipation négative des réactions, peur du changement... Osez chambouler votre routine pour être surpris.

Accepter ce qui n'est pas parfait

Comme aidant, nous avons tendance à disqualifier les professionnels qui nous viennent en aide : de l'auxiliaire de vie sociale qui n'a pas correctement rangé le déambulateur au travailleur social « qui n'a pas réagi assez vite » ou qui n'a pas compris ce qu'il fallait lire entre les lignes. Et si vous acceptiez que la nature de l'aide apportée par l'extérieur, les comportements, la façon d'être de chacun ne se passent pas toujours comme vous l'avez prévu ?

Les colères et insatisfactions exprimées répondent à plusieurs logiques :

- logique d'amélioration : parce que l'on veut tous le meilleur pour notre proche avec la volonté d'être pris en considération, nous souhaitons tous que notre savoir-faire et notre implication auprès de nos proches soient reconnus ;
- logique d'exutoire : ma situation est difficile à vivre, je dois gérer le quotidien de mon proche dépendant et ma propre dynamique intérieure est complexe. J'ai du mal à reconnaître mes difficultés. J'utilise les « failles » des autres comme mode d'expression de cette douleur intérieure.

Question à se poser : comment transmettre au mieux mon propre « savoir » aux aidants professionnels qui viennent aider mon proche (aides à domicile, infirmiers...) afin de trouver la bonne attitude ? Quelle est la nature de l'aide que j'apporte ?

Car leur regard extérieur sur la situation est aussi important que le vôtre. Vos différentes observations sont complémentaires : échange d'informations et échanges sur l'évolution de la personne, connaissance des dispositifs mobilisables...

La proximité proche aidant-aidant professionnel doit être considérée comme une chance, une opportunité.

DANS CE CHAPITRE

Préparer l'avenir pour éviter les situations critiques

Anticiper et sécuriser ses proches matériellement et financièrement

Chapitre 12
Et si je ne suis plus là ?

Nous sommes nombreux à porter au fond de nous l'angoisse du devenir de notre proche, en pleine connaissance de ses difficultés. Cette question lancinante ne trouvera probablement pas de réponses « certaines », mais elle hante notre quotidien. Quelques outils « concrets » existent pour préparer cet après. La transition se prépare dans le temps, en favorisant au maximum l'autonomie de votre proche.

Préparer matériellement l'avenir

« L'argent ne fait pas le bonheur, mais il peut y contribuer. » L'adage populaire nous rappelle que s'il ne doit pas devenir un but, l'argent est un levier pour une existence plus sereine. Pour bon nombre de personnes, vulnérabilité résonne avec précarité, les minima sociaux étant en dessous du seuil de pauvreté pour les personnes âgées comme pour les personnes handicapées.

En tant que parent, conjoint, ami, la protection de votre proche passe bien souvent par la transmission et la protection du patrimoine, ainsi que par l'anticipation de situations « prévisibles ». Pour le reste, nul n'est tenu à l'impossible.

Le mandat de protection future

Le mandat de protection future permet de désigner à l'avance un représentant, en cas de perte d'autonomie. Ce mandat est un outil utile pour les parents d'enfants majeurs ou mineurs. Le contrat écrit établi devant notaire, ou sous seing privé, permet à des parents d'indiquer leurs souhaits en termes de logement ou d'hébergement, mais également pour le maintien des relations personnelles, l'organisation des loisirs et des vacances. Ce dispositif permet également d'affirmer des choix face à des actes médicaux importants. C'est une forme organisée par anticipation de protection des majeurs (comme la tutelle ou la curatelle, ou l'habilitation judiciaire entre époux) par laquelle les parents désigneront librement une ou plusieurs personnes de leur entourage pour s'occuper de leur proche vulnérable et/ou de son patrimoine. Vous pouvez être accompagné par votre notaire dans la réalisation de ce document.

L'habilitation judiciaire entre époux

L'habilitation judiciaire est issue de l'article 219 du Code civil, elle découle directement des droits et obligations liés au contrat de mariage. Elle permet à un conjoint d'avoir une légitimité juridique à agir lorsque son conjoint est hors d'état de manifester sa volonté. C'est par exemple le cas pour un couple marié qui est dans l'obligation de vendre son domicile suite à la survenue d'un handicap : la vente d'un bien ne peut avoir lieu si l'un des deux n'est plus en mesure de manifester sa volonté. L'habilitation judiciaire est une mesure simple à mettre en œuvre, souvent plus rapide que la mise en place d'une mesure de tutelle. Pour introduire une telle demande, il convient de s'adresser au tribunal d'instance. Nous vous recommandons de vous faire aider d'un avocat.

L'habilitation familiale

La loi n° 2016-1547 du 18 novembre 2016, article 111 (V), a institué l'habilitation familiale, mandat familial qui élargit le champ de l'habilitation judiciaire et permet aux proches (ascendants, descendants, frères et sœurs, concubin de la personne à protéger avec qui elle fait vie commune, partenaire d'un pacte civil de solidarité) d'une personne incapable de manifester sa volonté de la représenter dans tous les actes de sa vie ou pour certains seulement, selon son état. L'habilitation familiale n'entre pas dans le cadre des mesures de protection judiciaire, même si elle nécessite l'intervention d'un juge, car une fois la personne désignée pour recevoir l'habilitation familiale, le juge n'intervient plus, contrairement à la sauvegarde de justice, la tutelle ou la curatelle.

Ces deux mesures peuvent être générales ou limitées à certains actes.

Pour plus d'informations :
https://www.service-public.fr/particuliers/vosdroits/F33367

Attention : tout le monde n'est pas parfaitement au fait de telles mesures et, par conséquent, on pourrait omettre de les conseiller, voire tendre à mal les conseiller. Renseignez-vous, faites-vous aider et, surtout, soyez convaincu et convaincant !

Le testament

La plupart des parents prévoient des mesures successorales pour favoriser leur proche en situation de handicap, ou leur conjoint. Le droit français protège les héritiers de droit (comme les enfants) et régit précisément la réserve héréditaire (part de la succession obligatoirement dévolue aux enfants ou au conjoint) et la quotité disponible variable en fonction du nombre d'enfants (part de la succession dont les donataires disposent librement pour favoriser un membre de la famille, une association...). Une fois encore, c'est un domaine très spécifique, qu'il convient d'aborder en prenant conseil auprès de professionnels de la gestion de patrimoine ou de votre notaire.

Anticiper l'avenir

Il n'est jamais facile d'envisager la fin de notre existence : entre la peur de cette échéance inéluctable et l'angoisse du devenir du proche aidé, vous avez largement de quoi alimenter vos nuits d'insomnie. Reprenez l'initiative et intéressez-vous aux pistes existantes.

L'adaptation est difficile pour tous et particulièrement pour la famille. Les meilleures transitions sont celles que l'on a préparées. Le changement reste une épreuve pour tout être humain et un temps d'étude bienveillante de la future solution choisie est nécessaire pour en connaître les fonctionnements, avantages et inconvénients. Si votre proche perçoit votre inquiétude, cela peut conduire à l'échec de son intégration dans un séjour temporaire, par exemple.

Chacun doit imaginer la meilleure réponse à adapter à la situation de son proche et à l'environnement. Mais il faut le faire avant que la situation ne devienne critique et finisse par vous échapper.

DANS CE CHAPITRE

Être aidant au temps du Covid

•

La mise en place de solidarité de proximité

•

L'importance du système par répartition pour la solidarité nationale

Chapitre 13

Quel monde demain pour les aidants ?

La place des aidants sera centrale dans la société de demain. Il est nécessaire de poursuivre le développement de la reconnaissance des aidants pour le futur. Dans dix, vingt ou trente ans, cela apparaîtra comme une évidence, surtout depuis la crise sanitaire liée au Covid.

On ne pourra plus nous ignorer : nous représentons désormais un maillon incontournable et essentiel de l'accompagnement des personnes vulnérables. Nous avons notre expertise d'usage (l'expertise acquise par l'expérience du système), qui doit être reconnue par les accompagnants professionnels.

La Covid-19 : la réalité des aidants délaissés

La Covid-19 a chamboulé le quotidien, l'organisation familiale comme professionnelle de nombreux aidants familiaux. Beaucoup d'entre eux s'occupent à domicile de ceux qu'ils aident, parfois vingt-quatre heures sur vingt-quatre. Ce confinement a compliqué, voire rendu infernale leur vie quotidienne par la fermeture des établissements de répit, renvoyant à domicile un bon nombre de proches dépendants, dont les enfants handicapés et les personnes âgées.

Témoignage

Pour Amarantha, aidante de sa fille Lucie atteinte de polyhandicap, c'était un quotidien à réinventer avec un rapport au temps complètement modifié : « En temps normal, nous sommes toujours dans le rush pour concilier notre vie d'aidante, familiale, professionnelle et sociale. Là, il n'y a plus cette notion d'heures et de jours. »

La différence est que cet étirement du temps se déroule dans un espace beaucoup plus clos qu'avant, ce qui finit par intensifier et tendre les relations avec le proche et les autres. Le rôle d'aidant prend donc une dimension encore plus importante.

Élodie, aidante de sa fille Andréa, 5 ans, atteinte d'une maladie neurodégénérative, illustre de manière plus concrète ce chamboulement : « D'habitude, trois aidants professionnels se déplaçaient à domicile au quotidien. Le confinement a mis fin à ces visites. Nous avons dû prendre les casquettes de kiné, psychomotricienne, monitrice éducatrice... Finalement, il fallait réinventer le quotidien en gardant des repères nécessaires pour notre enfant, à des heures précises, comme le lever, la prise de médicaments, le bain, les soins, les exercices. C'était à nous de nous caler sur sa vie et non à elle de se caler sur la nôtre. »

Habituellement, Lucie, la fille d'Amarantha, est prise en charge par un Institut médico-éducatif (IME) du lundi au vendredi. « Lucie est dépendante de nous pour tous les gestes de la vie quotidienne, ce dont je me chargeais seulement le week-end. Il a fallu remettre tout ce qui n'a plus été pris en charge dans le quotidien d'une famille, avec d'autres enfants. Il est difficile de demander d'être aidant vingt-quatre heures sur vingt-quatre, d'être en télétravail et d'assurer la continuité pédagogique. Il fallait mettre en place une grosse organisation avec le prérequis que le polyhandicap ne peut pas complètement s'organiser. Il y a toujours des imprévus comme les crises d'épilepsie, les moments où ma fille ne se sent pas bien... »

Pour les courses au quotidien, Amarantha a eu recours à la livraison à domicile. « Ma pharmacienne m'a permis d'organiser longtemps à l'avance son traitement pour tenir au cas où cette situation devait se prolonger, notamment en médicaments... On a eu vingt-quatre heures pour mettre en place cette logistique. » Elle a régulièrement été en contact avec le médecin de l'IME : « C'est extrêmement rassurant aussi d'avoir cette relation-là ! »

L'organisation des traitements a en revanche beaucoup stressé Élodie : « Nous avions peur d'être à court. À cause d'une rupture de fabrication de ces médicaments qu'on fait venir de l'étranger et pour lesquels il faut des autorisations douanières très strictes. Tout est exacerbé dans ce confinement, mais c'est une situation qui existait déjà dans notre quotidien. Sans médicaments, elle ne peut pas vivre. »

Élodie était en relation par téléphone avec le neuropédiatre de l'hôpital Robert Debré, l'hôpital local, la pharmacie... « Je n'applaudis pas les soignants à 20 h au quotidien depuis que le confinement a été instauré, je les applaudis depuis quatre ans parce que, sans l'accompagnement de ces personnes précieuses, on n'y arriverait pas. Tout le monde s'est mobilisé pour nous permettre d'anticiper au mieux entre autres les traitements au moins sur deux mois. »

Ce confinement a révélé chez ces deux aidantes le besoin de resserrer les liens avec les autres parents d'enfants porteurs de handicap, qui ont pu être maintenus grâce, notamment, aux réseaux sociaux et aux visioconférences. Amarantha le confirme :

« C'est réconfortant. Les groupes de soutien aux aidants existaient déjà. Mais ils prennent un autre sens aujourd'hui, grâce aux mains tendues et à la possibilité de montrer qu'on est là pour aider d'autres personnes. »

« À travers le handicap, on a créé une nouvelle famille avec les autres parents, les réseaux de professionnels… ces liens sont forts. Se soutenir, s'écouter est important. On a besoin d'échanger des trucs et astuces, des questions comme : "Comment tu fais pour tenir ta fille plus de vingt minutes dans un verticalisateur ?", "Comment cela se passe avec ton enfant autiste ?" Le handicap développe une empathie particulière », ajoute Élodie.

Avec cette crise sanitaire, nombre d'établissements médico-sociaux qui prenaient en charge les proches des aidants ont dû fermer leurs portes. Il a fallu s'organiser autrement, trouver de nouvelles solutions. Stéphanie Herrbach, aidante principale de sa mère Françoise, 70 ans, atteinte de la maladie d'Alzheimer, confie que cela a été un facteur de stress important pour elle, bien que sa mère ait pu rester autonome à son domicile. Avant le confinement, Stéphanie organisait pour sa mère un emploi personnalisé où des professionnels passaient chez elle, ce qui lui permettait d'assumer, en parallèle, son travail de free-lance. « Ce confinement ressemble à un grand coup de pied dans la fourmilière. Ça donne un bazar fou ! On a réorganisé le quotidien et mis en place un process pour que maman ne soit pas contaminée par l'extérieur, lors des visites. Le plus difficile pour elle était, je pense, de ne plus voir ses petits-enfants, et que je vienne la voir moins qu'avant, tout comme les aidants professionnels auxquels elle s'était attachée. »

Céline, aidante de son fils William, porteur du syndrome de Prader-Willi avec un profil autistique, explique qu'elle connaissait un certain confinement depuis l'annonce de son handicap. « Aider un proche nous plonge forcément dans une situation extrême, une hypervigilance de chaque instant. La charge mentale en est décuplée. Si vous demandez à un aidant ce qu'il souhaiterait le plus, il vous dira qu'il souhaiterait pouvoir souffler de temps en temps », dit-elle. Jusqu'ici, elle avait réussi à mettre en place une organisation au quotidien. Mais tout cela a volé en éclats : « On ne peut compter que sur nous-même, encore une fois », constate-t-elle.

Pour Michel Abline, président de France Alzheimer 49 et secrétaire national adjoint de France Alzheimer, ce confinement a été une violence sans nom pour toutes les familles : « Du jour au lendemain, tous les dispositifs ont fermé, comme les accueils de jour pour les personnes malades, les haltes répit, les plateformes des aidants... » L'urgence a été, surtout, d'apporter du soutien psychologique aux aidants qui souffraient de solitude et de détresse. « Nous avons huit psychologues pour l'association en Maine-et-Loire qui interviennent auprès d'eux par téléphone. »

« C'est très important d'avoir une oreille pour vous écouter », ajoute Céline pour qui il a fallu trouver des « trucs et astuces » et de nouveaux repères : « Il faut constamment le rassurer. William souffre d'un grand dérèglement hormonal. Il ne dort pas bien et il n'a jamais soif. Il ne sait pas s'il a chaud, s'il a froid. Il n'a pas la notion du danger. Il vit ses émotions de façon décuplée, donc je ne dors pas la nuit. Je suis constamment réveillée par un enfant qui voudrait faire du vélo à 3 heures du matin », explique Céline. Elle organisait ses journées avec des éléments visuels permettant à William de savoir exactement ce qu'il devait faire du matin jusqu'au soir : « C'était très structuré pour lui alors que, moi, je suis extrêmement déstructurée. »

En septembre, elle avait enfin trouvé du travail. Tout cela s'est arrêté avec le confinement. « J'ai dû refuser des missions alors que je prenais mon envol de femme, enfin. Mais je pouvais être au téléphone alors que mon fils tambourinait à la porte, se jetant à terre en piquant des colères monumentales. J'en étais au point de devoir m'enfermer ou l'enfermer dans sa chambre. Cela devenait une question de survie pour moi. Pour aller aux toilettes ou boire un verre d'eau, il fallait que je me calfeutre... »

Comme bien d'autres aidants, elle s'est sentie oubliée : « Nous n'étions pas nommés, identifiés. Nous sommes des personnes fragilisées qui subissent une double peine absolument terrifiante et mettent leur santé en jeu. Ce n'est pas la Covid-19 qui peut nous tuer. C'est la solitude, le stress de se sentir abandonné », analyse-t-elle.

Céline a décompressé et s'est ressourcée comme elle a pu grâce à la méditation et au yoga, mais aussi, un petit peu, grâce aux anti-dépresseurs… « Chaque fois, lorsque j'allais à la pharmacie, on voulait me gaver de médicaments pour que j'aille bien. Alors que j'avais juste besoin de respirer un peu ! »

Pendant cette période, Céline a endossé plusieurs rôles comme celui de maîtresse d'école. Stéphanie l'a assumé aussi : « Je devais assurer la classe tout en télétravaillant, bien que j'aie réduit ma charge de travail. » Pour garder le lien avec sa mère, elle a mis en place des moments de complicité… à distance. « Je la stimulais. J'essayais de trouver des astuces, de trouver des jeux. » Malgré la Covid, elle a fini par venir la voir : « On a mis en place une procédure de visite avec mes frères pour éviter de se croiser. » À cela, il fallait ajouter les nombreux appels qu'elle passait à sa mère dans la journée. « J'étais présente pour m'assurer que ma mère se nourrisse et s'hydrate bien. » Il était difficile de s'accorder du répit en pareilles circonstances : « Mes nuits étaient écourtées car elle m'appelait souvent, réveillée par des cauchemars comme peuvent l'être les enfants. Le téléphone, c'était un peu notre doudou à toutes les deux à ce moment-là. »

Pour Céline, le plus important était d'assurer la qualité de sa présence auprès de son fils, sans s'acharner à poursuivre à tout prix une activité avec lui. « De manière positive, ce confinement nous a poussés à adopter un tempo plus lent. J'ai laissé à mon fils une plus grande autonomie, comme s'habiller tout seul. En temps normal, j'aurais été prise par le temps, il fallait que ça aille vite. Je faisais tout à sa place. » Il y avait aussi ces appels téléphoniques avec les professionnels qui s'occupaient de son fils, comme son éducateur : « Il craignait d'être intrusif alors que j'attendais ces moments pour lui passer mon fils et en profiter pour boire un verre d'eau et souffler. S'accorder du répit passe aussi et surtout par ces petites choses », assure Céline.

Les conséquences du confinement sur les aidants

Suppression ou diminution des aides à domicile, manque de personnel soignant, fermeture des structures d'accueil… les aidants se sont retrouvés en première ligne pendant le confinement pour s'occuper seuls, la plupart du temps, de leur proche fragilisé. Afin d'identifier les difficultés rencontrées et les solutions trouvées par les aidants pour accompagner leur proche en cette période, le collectif Je t'Aide a réalisé une étude en partenariat avec EmiCité : « Les aidants à l'épreuve du confinement ».

Pendant le confinement, 55 % des aidants ont effectué des actes habituellement réalisés par des professionnels. Parmi les interventions réalisées par les aidants, plus de 40 % concernaient des actes médicaux, allant du changement de pansement à la pose ou au retrait de cathéter sous-cutané. Plus de 60 % de ces actes concernaient les soins de nursing et près de 100 % les gestes de kinésithérapie, orthophonie et psychomotricité. Ces actes réalisés par les aidants ont engendré un sentiment de charge d'aide maximale pendant le confinement pour 49 % d'entre eux, avec de nombreuses conséquences sur leur quotidien.

Contamination et risque de décès, perte de capacité, de motricité du proche aidé pendant le confinement, mais aussi multiplication des risques de contamination, prolongation de la crise sanitaire : les inquiétudes des aidants étaient nombreuses. 61 % d'entre eux ont déclaré éprouver un niveau d'inquiétude élevé (entre 8 et 10) face à la situation sanitaire. Par ailleurs, une majorité des aidants interrogés ont déclaré avoir eu des difficultés à faire appliquer les gestes barrières à leur proche. À ces difficultés viennent s'ajouter l'aggravation des troubles et des problèmes de santé du proche aidé, mais aussi un épuisement de l'aidant. Seuls 32 % des aidants ont trouvé des solutions ou des alternatives pour faciliter leur rôle d'aidant pendant le confinement, et seuls 14 % d'entre eux ont eu recours à des soutiens nouveaux ou à des initiatives destinées à les soutenir pendant la crise sanitaire.

Témoignage

Quelles étaient les solutions accessibles aux aidants pour leur permettre de trouver un peu de répit, c'est-à-dire des moments pour souffler et reprendre des forces ?

Sonia, aidante de sa fille handicapée motrice et de sa mère atteinte de la maladie d'Alzheimer, n'a pas trouvé de réels moments de répit. « Sans intervenants à domicile, je dois m'occuper davantage de ma fille en lui proposant des activités pour qu'elle ne déprime pas trop. » Elle bénéficiait de quelques moments de repos quand son mari rentrait du travail, vers 17 h. « Je me posais alors un petit peu et c'est lui qui prenait le relais. » Pour sa part, c'était la première fois qu'elle demandait de l'aide : « Jusqu'à présent, je me suis toujours débrouillée par mes propres moyens. Avec ce confinement, ce qui m'a déboussolée, c'est de me retrouver du jour au lendemain sans rien. »

Michèle Brisset, bénévole à l'association de développement de Palliance (Adespal), le constate : « Déjà, hors confinement, prendre du temps pour soi n'est pas simple, mais là ça devient extrêmement difficile. Sans aide extérieure, les aidants se retrouvent complètement seuls, vingt-quatre heures sur vingt-quatre parfois. Habitant des petites surfaces, ils n'ont parfois aucun espace pour souffler. »

Selon Guy Laboussière, président de la plateforme téléphonique « Avec nos proches » dédiée aux aidants, le besoin de prendre du répit, déjà important hors période de confinement, l'était encore plus en cette période : « C'est difficile quand les aidants restent dans le même lieu en permanence. Quand c'est possible, il faut changer de pièce de temps en temps pour ne pas être tout le temps l'un sur l'autre. Personnellement – j'étais aidant de mon épouse – il y avait des moments où, si je restais dans la même pièce, je pétais un plomb. Il me fallait sortir prendre un peu de souffle et pouvoir à nouveau intervenir ensuite. En période de confinement, tout est exacerbé. Effectivement, on veut en faire encore plus, parce qu'on est encore plus seul, parce que les intervenants professionnels ne viennent plus. On se dit alors : "Il n'y a que nous !" C'est vrai dans une certaine mesure. Mais il est aussi important de ne pas vouloir tout faire tout de suite, tout le temps. Si on craque, il n'y aura plus personne. Donc il faut aussi se réserver quelques petits moments, le peu que l'on peut. Pour ça, il faut s'éloigner même quelques minutes. »

Sonia a dit simplement « stop » : « Avec mes soucis physiques comme l'arthrose, j'arrive à la limite de mes possibilités… » Elle a donc cherché du soutien auprès de la plateforme « Tous mobilisés » pour obtenir l'intervention d'une auxiliaire de vie une à deux fois par semaine dans le but d'aider sa fille à prendre sa douche ou faire des activités. « C'est une sorte de répit qui me permet de me dégager du temps pour faire des courses », avoue-t-elle.

Il existe aussi des plateformes comme **Solidaires-handipas.fr**, qui recensent toutes les actions et structures auxquelles peuvent faire appel les aidants selon leurs besoins. Sans oublier les plateformes d'écoute téléphonique dédiées aux aidants tels qu'Avec nos proches. « Parler permet de déposer ce qui est trop difficile à supporter », affirme Guy Laboussière.

En temps normal, il existe des possibilités de répit comme les accueils de jour, les séjours temporaires, les séjours vacances, les groupes de parole afin de partager son expérience avec d'autres aidants. « Hors crise sanitaire, ma fille était prise en charge pendant trois jours tous les quinze jours dans un établissement spécialisé, ce qui me permettait de me poser. Aujourd'hui, j'ai une activité professionnelle dans laquelle j'ai envie de m'investir et je n'ai pas envie de laisser tomber tout ça du jour au lendemain. Je pense qu'il va falloir construire des choses ensemble afin que cette situation ne se produise jamais plus. »

Une fois la crise sanitaire liée au coronavirus passée, quelles seront les leçons à tirer de tout cela, notamment concernant les aidants familiaux ? Cette crise a mis au jour, exacerbé des difficultés qu'ils vivent déjà au quotidien en temps normal, certains besoins qui ne sont pas pris en compte… Elle a révélé la nécessité de les accompagner autrement, concrètement, en favorisant entre autres la proximité.

La situation d'enfermement dans les institutions

Pendant la période des confinements, certains aidants ont été obligés de laisser leurs proches dans un établissement, qu'il s'agisse d'un Ehpad, dans le cas de personnes âgées, ou d'une structure spécialisée pour les personnes atteintes d'un handicap. En raison de l'éloignement et parce qu'il leur était difficile d'organiser l'accueil chez eux en si peu de temps. Certains ne pouvaient donc plus rendre visite à leurs proches, ou à quel prix ! Il y avait, en effet, cette angoisse toujours présente de les contaminer et de mettre ainsi en péril leur santé, fragile pour beaucoup d'entre eux.

Témoignage

Cécile est aidante de sa fille Emma, 23 ans, polyhandicapée. Pendant le confinement, elle était à une trentaine de kilomètres du domicile familial, dans un établissement spécialisé. « Nous avions l'immense chance d'avoir des échanges visuels avec elle *via* les visioconférences. Ma fille ne parle pas. Mais nous pouvons voir son regard, son sourire. Ça nous a procuré beaucoup de joie et de l'énergie positive », dit-elle.

Pour Laurence Pinaud, directrice des quatre établissements spécialisés de l'Adapei 79, il a fallu déployer beaucoup de pédagogie auprès des familles pour les rassurer, leur expliquer les dispositions mises en œuvre. « Très peu de ces familles ont fait le choix de reprendre leur enfant chez elles. Celles qui l'ont fait ont dû penser qu'il serait mieux protégé au sein du domicile familial. » Cependant, comme elle le souligne, il est difficile d'accompagner son proche lourdement handicapé au quotidien sur une période souvent longue. Même à distance, ces professionnels restaient accessibles et joignables : des dispositions ont été mises en place comme des appels quotidiens, des dispositifs d'aide à domicile renforcés et des outils d'accompagnement mis en ligne sur le site de l'Adapei 79.

Cécile se souvient : « Je savais qu'on s'occupait bien d'elle. Quand je la voyais sourire, ses yeux pétillaient à travers la visioconférence. Je voyais qu'elle était bien. Cela me rassurait. Il valait mieux qu'elle reste là-bas. Il y avait des infirmiers qui pouvaient intervenir en cas de problème. Si elle était restée avec nous, il y aurait eu des difficultés d'accès à l'hôpital et, pour elle, les risques sanitaires auraient été décuplés. »

Du côté de Laurence Pinaud, la directrice, il était important de rassurer les parents sur la manière d'organiser le quotidien des résidents : « Nous avons dû revoir toutes les pratiques des professionnels et nous adapter à de nouveaux outils que nous n'avions pas l'habitude d'utiliser. Nous nous sommes formés sur le tas et nous avons, par exemple, aidé les parents à avoir accès aux outils numériques, à installer Skype sur leur téléphone pour communiquer avec leur proche à distance. Nous restons, pour eux, un lieu ressource à la hauteur de la confiance qu'ils nous accordent. »

Les solidarités de proximité

Avec le confinement qu'impliquait cette crise sanitaire, il a fallu aussi que les aidants inventent d'autres moyens de faire face à leurs obligations. Cet « enfermement » a révélé, dans certains cas, une solidarité inédite, notamment celle du voisinage.

Selon Axelle, aidante de sa petite fille polyhandicapée, les solidarités de proximité ne sont pas évidentes pour tout le monde : « Beaucoup d'aidants autour de moi témoignent de l'isolement, de la solitude qui sont les leurs. Beaucoup d'amis ont peur d'être maladroits, n'osent pas proposer leur aide alors qu'elle pourrait être salutaire. Dans certains endroits, cette solidarité mérite d'être travaillée, accompagnée. »

Du côté de Sandrine Podolak, fondatrice de l'association Espace singulier, il a semblé légitime de se soucier de ses voisins, surtout en une période aussi singulière. Au sein de son association, cette aide s'est manifestée de manière quotidienne par la mobilisation d'une soixantaine de bénévoles qui interviennent dans toute l'Essonne. « Vingt-cinq nouvelles personnes se sont proposées naturellement », dit-elle. L'aide aux courses était la plus demandée. « C'était le premier souci. Il a fallu être en lien dans chaque ville pour savoir ce qui avait été mis en place dans ce sens. »

Pour Michèle, aidante de son fils François, atteint d'un traumatisme crânien, cette solidarité s'est mise en place spontanément : « Dans les rues avoisinantes, je me suis permis de sonner chez les voisins pour savoir s'ils avaient besoin de quoi que ce soit. On a repéré ainsi les gens vulnérables et isolés. Une fois par semaine, entre voisins, on s'arrangeait pour leur apporter de la nourriture. On s'est aperçus que c'était le premier pas qui comptait ! » Elle le reconnaît : en général, il est plus facile de proposer de l'aide que d'en accepter, même si on en a besoin : « Je me demande si les gens ne meurent pas de solitude en permanence. »

Selon Sandrine Podolak, « c'est un constat qui était là avant, les aidants ne savent pas demander ». Cette crise a confirmé la nécessité de mettre en relation les personnes qui ont besoin d'aide et celles qui sont prêtes à donner de leur temps. « Cela passe par des petites choses, comme faire les courses pour soulager les aidants... » dit-elle. Elle espère que davantage de liens se tisseront en faveur des aidants pour qu'ils se sentent moins isolés, et cela à tout âge.

Focus

La Maison des Aidants dans les Hauts-de-France

La Maison des Aidants, plateforme d'accompagnement et de répit, est engagée, aux côtés des services de l'État, dans la coordination de l'entraide auprès des personnes isolées. À travers sa plateforme numérique sécurisée, elle organise la Solidarité citoyenne d'aide locale aux aidants (Scalaa).

Le site **Lascalaa.fr** permet à une personne isolée ou accompagnant une personne en perte d'autonomie (âgée et/ou en situation de handicap) de bénéficier gratuitement d'un soutien téléphonique ou d'une aide aux courses grâce au réseau de bénévoles Scalaa.

Déployé sur le territoire du Cambrésis, du Béthunois, de Carvin et Seclin, des métropoles de Lille et Roubaix-Tourcoing, ce dispositif proposé par la Fédération des plateformes de répit est déjà disponible sur de nombreux autres secteurs des Hauts-de-France tels que Douai, Lens, Montdidier...

Pour plus d'informations : http://www.lascalaa.fr

Le parcours coordonné des personnes vulnérables

À ce stade de votre lecture, vous avez découvert le mille-feuille qui compose notre système social, lequel fonctionne souvent de façon hermétique, sans contact avec les autres acteurs. L'aidant doit devenir un expert pour connaître ses droits et les faire valoir. « Il va bientôt nous falloir un master en bureaucratie, en plus d'une patience à toute épreuve... » nous confiait une maman. Le système évolue lentement, là où nous n'avons pas forcément le temps et la patience d'attendre. Les ministères se sont pourtant saisis de la question et tentent de créer « des réponses accompagnées pour tous ».

Vous avez compris également que les autorisations administratives (orientation par la MDPH, dossiers d'aide sociale...) tardent à venir, tant la demande est forte et les services concernés insuffisamment dotés en personnel.

Le monde du travail social est en train d'évoluer. Des acteurs s'en saisissent. À nous de faire entendre notre voix, de faire part de nos besoins et de faire connaître les mille et une situations intolérables dues soit à l'ignorance, soit au manque de moyens.

La défense des plus vulnérables doit reposer sur tout le monde

Certains jugent le système social français onéreux et peu efficace. S'il est certain que des pistes d'amélioration existent, ce système auquel tout le monde contribue reste la plus belle invention permettant de créer des filets de sécurité pour rattraper celles et ceux qui sont en difficulté. Car « le secret du changement, c'est de concentrer toute son énergie non pas à lutter contre le passé, mais à construire l'avenir », disait Socrate.

Partie 5
La partie des dix

Dans cette partie...

Cette cinquième partie fait partie intégrante de l'identité « Pour les Nuls ». Nous avons délibérément choisi de la faire sous forme de « pense-bête » en vous rappelant en dix points l'essentiel de tout ce qui a été évoqué dans le livre.
L'entourage de l'aidant ne sait pas toujours comment s'y prendre pour l'accompagner.
Nous vous confions également en dix points la feuille de route de la posture à adopter pour l'aider à faire face.
Enfin, la vie est joliment chantée, décortiquée, analysée par les auteurs-interprètes, qu'ils soient français ou étrangers. La musique, les paroles ouvrent, disent ce qui fait mal, délivrent et apaisent, mettent en perspective, font émerger des émotions qui nous reconnectent à la vie et à nous-même.

DANS CE CHAPITRE

Voir et vivre votre situation sous un autre angle

•

Prendre du recul et de la hauteur

•

Se recentrer sur soi

•

Équilibrer le rapport aidé-aidant

Chapitre 14
Les dix commandements de l'aidant

Trop d'information tue l'information ? Revenons donc à l'essentiel : à vous ! Nous l'avons vu, aider passe en premier lieu par penser à vous en vous accordant du temps, de l'espace, du repos.

Jamais tu ne t'oublieras

Prendre soin de soi avant de prendre soin de l'autre. Vos projets sont aussi importants que votre proche. Construire vos propres espaces de liberté vous permettra de tenir la distance. Programmez-vous des moments « plaisir » sans autre but que de vous faire du bien et bloquez-les dans votre agenda. Écrivez vos « rendez-vous avec vous » quelque part en gros à la vue de tout le monde, sur le réfrigérateur, par exemple. Ne lâchez pas. Ces plages de respiration et de souffle vous sont nécessaires pour continuer votre route auprès de votre proche avec plus de vitalité et de sérénité.

Ta monture tu ménageras

Vous démarrez une course de fond, vous devez vous préserver dans ce long parcours, en vous fixant des objectifs réalisables ou respectueux des rythmes de chacun. Faites avec votre proche, à son rythme et sans céder à la pression sociale ni vous culpabiliser si vous n'avez pas atteint vos objectifs au moment voulu. Qu'est-ce qu'il est possible de faire maintenant ? Au lieu de voir la montagne entière à escalader, mettez en place la politique des petits pas pour y arriver. Une chose après l'autre. Chaque action, aussi minime soit-elle, compte ! Éliminez, allégez ce qui n'a pas lieu d'être. Allez à l'essentiel. Faites du mieux que vous pouvez. Soyez indulgent avec vous-même.

Vous faites déjà du mieux que vous pouvez ! Soyez-en conscient.

Positivement tu penseras

Choisissez résolument la bouteille à moitié pleine. Prenez un carnet et notez ce qui vous a fait du bien dans la journée, qui ou quoi vous a été bénéfique aujourd'hui. À quels progrès avez-vous assisté ? Qu'avez-vous aimé et appris ? Quelles activités ou moments souhaiteriez-vous mettre en place rien que pour vous dès demain ? Tenir un carnet de gratitude permet de repérer les petits bonheurs qui ont jalonné votre journée dans un océan d'obligations : une conversation, un sourire, un café pris avec un ami... Notez-en au moins trois par jour. Cela vous fera un bien fou et vous aidera à voir votre vie avec plus de hauteur, sous un autre angle, en appréciant ce que vous vivez au jour le jour.

La parole tu libéreras

Peu importe la modalité, il vous faut trouver un moyen et un espace afin d'exprimer vos sentiments, vos peurs, vos tristesses, vos ras-le-bol. Choisissez ce qui vous convient le mieux : groupe de parole, thérapie, amis, forums ou réseaux sociaux... Dire les choses soulage et permet de voir la situation sous un autre angle.

Il s'agit de vous ouvrir à l'extérieur auprès de personnes qui sauront vous écouter et vous soutenir dans votre démarche, mais aussi d'apporter des solutions à des problèmes que vous pensiez insolubles. Parler en toute confiance a un pouvoir libérateur : ça « vidange », ça apaise, ça revigore. Parlez et surtout ne vous privez pas !

Te faire aider tu accepteras

Vous voulez vous faire aider et, en même temps, vous refusez l'aide que l'on pourrait vous proposer. Par crainte de vous épancher ? Par méfiance ? Par culpabilité ? Par peur de perdre le contrôle de la situation ? Par la nécessité de vous sentir utile ? Quelles qu'en soient les raisons, lâcher du lest vous permettra de ne pas vous noyer dans les obligations jusqu'à vous asphyxier et vous épuiser. L'intervention de professionnels et d'amis est indispensable pour l'avenir : assumez-la, assurez-la en la mettant en œuvre le plus tôt possible. Exprimez vos besoins. Trouvez des réajustements. Les futurs changements n'en seront que plus faciles, votre gestion des imprévus s'améliorera également. Vous faire aider permettra de dégager du temps pour vous recentrer sur l'essentiel et de trouver l'espace nécessaire à votre respiration.

Ta place tu garderas

Gardez la place que vous aviez à l'origine avec votre proche : celle de parent, de conjoint, d'enfant... Que vous vous occupiez de lui ou d'elle, c'est normal. Mais n'endossez pas un rôle qui n'est pas le vôtre et auquel vous vous identifieriez à tort, au risque de vous oublier et de perdre votre identité : soignant, aide ménagère, psychologue... Privilégiez la qualité de votre relation affective et la qualité des moments passés ensemble. Autant que possible, passez le relais (professionnels, amis, associations...).

Parfait personne ne sera

Chacun fait ce qu'il peut avec ce qu'il est et avec ce qu'il a. Chacun a sa manière de faire. Déléguez et acceptez l'idée que les autres ne feront pas comme vous. Cela est envisageable si vous respectez vos propres limites : fatigue, coup de blues, tristesse. Ce qui est vrai pour vous l'est aussi pour les autres. Trouvez un moyen de communiquer et transmettre ce qui vous semble essentiel à partager. Mais respectez le rôle de chacun (intervenants extérieurs, amis, famille) et acceptez aussi que rien ne soit parfait. Trop d'attentes amènent à l'incompréhension, la frustration et l'amertume. Soyez souple et indulgent envers vous-même ainsi qu'avec votre entourage. Personne n'est parfait. Et c'est tant mieux !

L'autonomie tu favoriseras

Vous souhaitez alléger les difficultés, la souffrance physique ou morale de votre proche. La tentation est grande de vouloir tout faire, tout assumer pour lui faciliter la vie, la lui rendre plus douce, plus supportable. C'est spontané, cela vient du cœur. Il n'y a rien à redire sur ce principe. Mais cette tentation de faire à la place de l'autre en pensant gagner du temps est un piège : il n'est pas sûr que cela porte ses fruits. Car plus vous en faites, moins vous faites de place à votre proche et moins vous lui donnez la possibilité de se rendre compte de ce dont il est toujours capable. Que peut-il ou non encore faire ? Lui en avez-vous parlé ? L'avez-vous encouragé en ce sens ? Quel bénéfice tirez-vous à vouloir tout assumer ? Avez-vous aussi évoqué ce sujet auprès des professionnels (aides à domicile, soignants, ergothérapeutes, psychomotriciens...) pour savoir comment préserver cette autonomie ? Existe-t-il des moments dans lesquels votre proche est autonome ? Le but de votre accompagnement au quotidien n'est pas de vous rendre indispensable à votre proche, mais de vous tenir à ses côtés. Car le constat est là : moins vous le stimulerez, moins il sera autonome et plus ses capacités s'amoindriront, car il aura de moins en moins l'occasion de les mobiliser. Au final, vous aurez encore plus de responsabilités à assumer. Vous entrez ainsi dans un cercle vicieux dont vous arrivez de moins en moins à sortir. Favorisez autant que possible l'autonomie de votre proche. Cela demande du temps mais cela rendra service à l'un comme à l'autre. Laissez à votre proche la possibilité de gérer sa vie comme il l'entend et de faire ses propres choix. Cela n'empêche toutefois pas de garder un œil vigilant !

De la situation tu te moqueras

Oui, c'est dur. Non, ce n'est pas facile tous les jours. Vous peinez. Vous faites ce que vous pouvez. Des couacs, des grains de sable grippent les rouages de votre organisation, mettent à mal vos objectifs, usent votre volonté, vous épuisent physiquement et moralement. C'en est trop ! Et si vous preniez le parti de prendre le contre-pied, d'en rire et même de vous en moquer ? De vous moquer de cette situation absurde dans laquelle vous vous mettez peut-être la pression pour que tout soit parfait ? De vous moquer des injonctions, des « qu'en-dira-t-on », des regards de travers, des difficultés, des obligations, de vos travers, de vos doutes, de vos attentes ? Il y a toujours des moments cocasses, imparables, tellement « trop » que cela en devient drôle. Sachez les retenir et les garder avec vous.

Cet état intérieur vous allège, vous aide à prendre de la hauteur. Avez-vous mesuré tout ce que vous avez déjà mis en place ? Alors, soyez-en fier et moquez-vous du monde, à commencer par vous-même. Un peu de légèreté au quotidien est un joli cadeau que vous avez le droit de vous offrir afin de goûter la vie autrement.

Du répit tu planifieras

Dans la vie « normale », tout le monde a besoin de trouver un sas de décompression pour souffler, reprendre des forces pour mieux repartir. Des moments « off » qui permettent de se déconnecter du quotidien, de penser à autre chose. C'est habituellement le rôle que jouent les vacances... Que les aidants s'accordent peu ! Parce qu'ils ne se l'autorisent pas, alors que c'est indispensable.

Oui, il faut savoir faire « pause » pour recharger les batteries et repartir dans les meilleures conditions possibles. Savoir vous écouter quand vous avez atteint vos limites est nécessaire. Certains dépassent leur seuil d'acceptation et c'est la crise qui survient. Nul besoin d'atteindre ce seuil « d'explosion » pour vous arrêter. Les plages de repos, ça se prépare. Des solutions existent un peu partout pour accueillir votre proche de façon temporaire ou permanente, de l'auxiliaire de vie qui vous soulage au quotidien aux accueils en journée pour vous laisser le temps de faire ce que vous voulez, en passant par les séjours de vacances planifiés avec ou sans votre proche (dans des lieux d'accueil adaptés).

Pensez aussi à l'accueil temporaire séquentiel : des séjours de courte durée à programmer dans le temps (c'est anticiper les moments de « trop-plein » !). Mieux vaut des petits temps de repos répartis dans le temps qu'un gros pris d'un seul coup. Une façon de décompresser par paliers.

Vous saurez ainsi à l'avance quand vous pourrez disposer de ces temps de répit. Cela change totalement le regard sur le vécu du quotidien et vous aidera à mieux le vivre.

DANS CE CHAPITRE

Découvrir les points essentiels à ne pas oublier du parcours d'aidant

•

Gagner du temps sur les démarches à suivre

•

Ne pas s'oublier en route

Chapitre 15
Dix conseils pour les nouveaux aidants

Prenez en compte votre besoin d'accompagnement administratif et social

Dès maintenant, soyez conscient que cet aspect de votre parcours d'aidant est à prendre en considération. Il est important de savoir que les démarches administratives occupent une place prépondérante et deviennent vite chronophages.

De nombreux aidants sont amenés à accomplir régulièrement des démarches administratives, à remplir de multiples dossiers pour obtenir des aides, pour permettre à leur proche d'accéder à un établissement, de bénéficier de soins... Mais les aidants doivent aussi faire des démarches administratives pour eux-mêmes, pour aménager leur temps de travail, par exemple, prendre un congé... Cette tâche est souvent considérée comme lourde et compliquée pour les aidants, qui évoquent un « maquis » dans lequel ils se sentent « perdus ». Ils parlent de démarches répétitives, fastidieuses, pour lesquelles ils ne se sentent ni compétents ni formés. Nombreux sont ceux qui n'ont pas le temps de le faire et/ou ne savent pas où s'adresser. Parfois, ils ne font pas de demandes d'aide car ils en ignorent l'existence.

Listez les organismes qui peuvent vous aider à vous orienter

Ils détiennent de précieuses informations ! Il est donc important de les identifier et de savoir qui fait quoi. Cette préparation vous fera gagner du temps (ce dont vous avez grandement besoin !). Citons, entre autres, les Maisons départementales de l'autonomie, les mairies avec les CCAS, les Clic pour les personnes de plus de 60 ans et leur entourage, les Maisons départementales des solidarités, la Caf, la CPAM, la Carsat (ex-Cram), la MSA, les services sociaux hospitaliers, les caisses de protection sociale des régimes spéciaux (Carmi, Sécurité sociale des indépendants…), les caisses de retraite complémentaires (Agirc-Arrco), votre mutuelle, les services d'accompagnement social (SAVS, Samsah…), les établissements pour personnes âgées dépendantes (Ephad), les services et fédérations de services à domicile (Una, ADMR…), les services spécialisés autour d'une maladie ou d'un handicap : plateforme Prior (pour les maladies rares), service régional de l'AFM (maladies neuromusculaires), Maia (Maison pour l'autonomie et l'intégration des malades d'Alzheimer), plateformes de répit… Fortes de leur expérience, les associations de soutien aux familles de personnes handicapées ou âgées dépendantes peuvent aussi vous apporter un accompagnement administratif et social ou vous conseiller.

Rencontrez un travailleur social

Le mieux est de faire appel aux travailleurs sociaux (assistant social, conseiller en économie sociale et familiale…) qui exercent au sein de ces nombreux organismes. Ce sont des interlocuteurs privilégiés pour vous aider à avancer efficacement. Ils sont là pour vous conseiller, réaliser un diagnostic de situation, vous permettre de prioriser vos démarches, de solliciter les bonnes aides et les bons interlocuteurs, faire le lien si besoin, monter avec vous les dossiers administratifs.

Faites de votre médecin généraliste un allié

Informez votre médecin de votre situation. C'est souvent la porte d'entrée pour bénéficier d'une prise en charge de la Sécurité sociale (transport sanitaire, aides spéciales, soins infirmiers...), pour établir un certificat médical auprès des divers organismes qui en auront besoin afin de justifier la dépendance de votre proche (département, MDPH...). Tenez-le informé de votre « actualité ». Mieux il la connaîtra, plus il sera à même d'apporter des éléments concrets pour justifier les aides que vous avez demandées. Et puis, il y a surtout VOUS, VOTRE santé, VOS besoins. Dites-lui où vous en êtes (fatigue, stress...), ce que vous ressentez. Ne vous cachez pas derrière votre proche. Vous êtes aussi important que lui.

Demandez de l'aide

C'est typique de la plupart des aidants : ils veulent tout assumer seuls, gérer, contrôler... jusqu'à l'épuisement. Comme un coureur de fond courant autour d'un stade sans s'arrêter, sans reprendre son souffle. Ce n'est pas humain, personne ne le peut ! Qu'êtes-vous prêt à faire ? De quoi vous sentez-vous capable ? Qu'est-ce qui vous rebute ? Dans quels domaines de votre vie d'aidant avez-vous besoin d'aide, et pour quelle raison ? Et sous quelle forme ? Assurer des courses pour vous, prendre rendez-vous auprès de spécialistes, assurer une présence de quelques heures, une aide administrative ? Écrivez tout noir sur blanc. Identifiez les personnes-ressources et organismes auprès desquels vous pouvez demander de l'aide (famille, amis, associations, intervenants indépendants...). Déléguez, allégez-vous, vous ne vous en porterez que mieux ! Car nul n'est tenu à l'impossible. Et, comme disait Georges Clemenceau, « les cimetières sont pleins de gens irremplaçables, qui ont tous été remplacés ».

Entourez-vous et trouvez du soutien

Dans cette course de fond, il y a un moment où vous sentirez le besoin de poser vos valises et d'en parler, d'être écouté et entendu par des personnes de confiance. Parce que, psychologiquement, c'est trop dur. Cela peut être avec un professionnel de l'accompagnement (psychologue, coach...), du soin (médecin, infirmier...), social (assistant social...), des amis proches, des groupes de parole, des bénévoles de plateformes d'écoute telles qu'Avec nos proches... Il s'agit d'identifier les personnes qui vont vous apporter du soutien psychologique et moral, et qui vous permettront de prendre du recul, de dégonfler votre charge émotionnelle. Elles sont là pour vous soutenir et non pour vous juger avec des conseils à l'emporte-pièce, pour vous éclairer aussi parfois, avec beaucoup de respect.

Il s'agit également de parler et de partager d'autres choses. Parce que vous avez besoin, comme tout le monde, de vivre des moments de légèreté, de rire et de joie. Il est important de souligner que devenir aidant peut changer la relation que vous entretenez avec votre entourage (amis, collègues, membres de votre famille). Le tri se fait naturellement et parfois de manière drastique. Des personnes s'éloignent, d'autres entrent dans votre vie. Il est normal de ne pas parler à tout le monde de votre situation, car tous ne sont pas aptes à comprendre ou ne le souhaitent pas. Identifiez les personnes de votre entourage à qui vous pouvez parler librement et qui peuvent vous soutenir. Elles sont de qualité et vous pouvez compter sur elles en cas de coup dur. Savoir qu'elles existent, qu'elles sont là pour vous en cas de besoin, fait du bien et aide à avancer.

Faites-vous plaisir

Si quelqu'un vous demandait : « De quoi avez-vous besoin ? », puis : « Qu'est-ce qui vous fait vraiment plaisir ? », que lui répondriez-vous ? C'est là que la situation se corse... En effet, si les aidants ont des difficultés à répondre à ces questions, c'est qu'ils ne se les sont jamais réellement posées. Beaucoup confondent leurs besoins avec ceux de leurs proches. Dans cette relation, ils ne sont plus eux-mêmes, y compris dans leurs pensées. Ils s'oublient. Ils ne se sentent bien que si l'aidé l'est aussi. Il est pourtant important de rester relié à soi-même et à ses hobbies. Vous accorder du temps va vous permettre de ne pas perdre votre identité dans votre fonction d'aidant, tout en vous oxygénant et en reprenant des forces. Qu'est-ce qui vous fait réellement « kiffer » dans cette vie, vous fait plaisir, vous apporte de la joie ? Lire ? Faire de la randonnée ? Aller voir des amis ? Chanter ? Écrire ? Faire du shopping ? Vous balader sans but ? Identifiez ce qui vous fait du bien et voyez comment vous accorder ces instants nécessaires pour vous ressourcer.

Évitez de faire l'autruche au travail

Se positionner comme aidant sur son lieu de travail permet d'éviter les incompréhensions, les quiproquos dus à des absences répétées, des retards, des départs précipités sans explication que beaucoup pourraient percevoir à la fois comme injustes et comme une absence de motivation. L'objectif est de dialoguer sur les obligations de chacun (collègues et manager) afin de trouver ensemble des solutions pour vous aider à mener à bien vos tâches professionnelles. Encore faut-il dépasser votre peur d'en parler... par peur d'être stigmatisé, de ne pas être considéré comme fiable et efficace si vous révélez vos « contraintes ». Clarifier votre situation sans entrer dans les détails permet de lever les suspicions et de rassurer. C'est aussi l'occasion de vous sentir moins seul, de vous sentir compris et peut-être soutenu. Au sein de votre service ou de votre entreprise, vous découvrirez, ô surprise ! que l'entraide entre collègues est possible et que d'autres vivent la même chose que vous mais ne l'avaient jamais dit.

Apprenez à collaborer avec les professionnels

Il ne s'agit pas de « fliquer » les professionnels (de l'aide à la personne, du soin...), ni de vous transformer en « œil de Moscou » pour vérifier qu'ils accomplissent bien leurs tâches. Il est normal de vous assurer qu'ils sont à l'écoute des besoins de votre proche comme des vôtres et qu'ils agissent en conséquence. Comme la plupart des aidants, vous avez besoin d'être respecté et écouté, et que vos observations soient prises en considération. Ce sont pour vous des conditions *sine qua non* sans lesquelles vous ne lâchez pas prise. Sur ce point, l'attente est forte et le résultat parfois décevant. Il faut savoir que les conditions de travail de ces professionnels sont parfois difficiles. Mais vous pouvez leur faire comprendre que les informations que vous avez à leur transmettre devraient être prises en compte et leur faciliteraient la tâche au quotidien.

Le plus difficile est d'être vigilant mais pas trop. Faites un travail de médiation avec diplomatie pour faire comprendre votre rôle dans l'accompagnement. Aidez-les à évaluer la difficulté et les moyens d'y faire face. Le but est de faire passer au mieux le message en se mettant à leur place, de créer du lien pour que tout le monde aille dans le même sens. Et si les prestations ne conviennent pas, s'il n'y a pas de dialogue possible, renseignez-vous autour de vous pour savoir quelles personnes, quels services de l'aide à la personne se rapprochent le plus de vos attentes. Le bouche-à-oreille fait parfois des merveilles !

Suivez une formation

Les formations destinées aux aidants sont censées vous soutenir au quotidien : comprendre la maladie ou le handicap, avoir les outils et acquérir les comportements pour y faire face. L'objectif est de vous aider à cheminer dans la manière dont vous vous représentez votre situation et d'envisager des pistes pour réaménager votre quotidien. La formation constitue un parcours permettant de revisiter la relation à votre proche en toute connaissance de cause, avec l'éclairage de connaissances sur les pathologies et le handicap, les dispositifs et relais existants, les ressorts de la relation d'aide… Elle représente également l'opportunité de rendre votre expérience aussi enrichissante et constructive que possible sans la laisser prendre totalement le pas sur votre vie personnelle et sociale, ni sur votre santé. C'est aussi la possibilité de rendre votre quotidien plus confortable, grâce à l'acquisition de techniques pour savoir comment s'y prendre quand les professionnels ne sont pas là. Renseignez-vous auprès de l'Association française des aidants, qui propose ces formations, ou d'associations spécialisées (France Alzheimer, RePairs Aidants de l'association APF…).

DANS CE CHAPITRE

S'appuyer sur les chansons pour trouver du sens et s'alléger

•

Mettre des mots sur les émotions

•

Cultiver la joie et l'autodérision au quotidien

•

Faire la fête avec de la bonne musique

Chapitre 16

Les dix chansons qui nous soutiennent chaque jour

Nous avons pris le parti de lister des chansons qui nous parlent, donnent à réfléchir, nous émeuvent, ouvrent les portes de nos profondeurs intérieures et nous allègent parfois. Que la vie vous soit douce !

Ben Mazué, « Quand je marche »

Une chanson écrite sur mesure pour les moments de trop-plein, quand la coupe est pleine. Elle évoque notre voix intérieure, celle qui se préoccupe tant du passé ou du futur, nous empêchant l'accès à l'instant présent.

John Paul Cooper, « The Only Reason »

Une chanson d'amour soul, qui réchauffe les longues soirées d'hiver et égaie l'âme. Elle a accompagné ces derniers mois si difficiles pour nous toutes et tous, face à cette pandémie et à l'isolement social qu'elle a entraîné.

Charlotte Day Wilson, « Here You Come Again »

Encore une belle chanson soul, interprétée initialement par Dolly Parton, portée par une voix cristalline, pour les journées sans soleil et les nuits de nouvelle lune.

Harry Styles, « Falling »

Quand vous remuez vos fondations, que vous doutez de vous, de vos choix, que vous avez peur, mal, et juste cette envie de crier au monde votre état intérieur... À écouter, en faisant vibrer le plancher et le plafond de votre chez-vous.

Usher, « Tell Me »

Parce que l'amour restera toujours au cœur de nos vies, parce que la vie reprend toujours ses droits, parce que c'est aussi ça, la vie.

Pink & Willow Sage Hart, « Cover Me in Sunshine »

De la douceur en barre, deux voix féminines clamant leur amour de la vie malgré tout : « Dis-moi que le monde tourne depuis le début/Et tout ira bien/Couvre-moi de soleil. »

Jacques Brel, « La Chanson des vieux amants »

Une chanson d'une certaine époque mais qui a traversé les décennies sans une ride. L'amour transcende tout, sublime. Surtout lorsqu'on est aidant. On n'est plus aidant, mais aimant. Nous aidons parce que nous aimons.

Jeff Buckley, « Halleluia »

Une chanson à écouter les yeux fermés. Elle transperce le corps, l'âme. Elle fait du bien car elle apporte douceur et puissance, à l'image de l'énergie déployée au quotidien par les aidants.

Édith Piaf, « La Vie en rose »

Une chanson qui se vit avec le cœur, magnifiquement interprétée par la Môme. Cela parle du lien amoureux à ne pas oublier lorsqu'on est aidant. Avant l'aide apportée, il y a cet aspect affectif entre les personnes qui se sont choisies, d'abord, comme amant, femme, mari.

Grand Corps malade et Camille Lellouche, « Mais je t'aime »

Sublime chanson qui prend aux tripes. Elle retrace le paradoxe de l'amour entre deux êtres, avec leurs fêlures et leurs forces.

Annexe

Quelques ressources dédiées aux aidants

Bonjour Fred : une plateforme d'entraide

Afin de vous aider à entrer en contact avec des personnes qui partagent le même quotidien que vous, découvrez Bonjour Fred, un réseau en ligne d'aidants partout en France. Grâce à cette plateforme, vous aurez accès chaque semaine à du contenu positif qui vous aidera à prendre soin de vous et des autres. Les articles et vidéos conçus par des experts et des professionnels de la santé vous donneront de précieux conseils pour avancer dans votre parcours d'aidant, et une multitude d'idées d'activités.

Le test de personnalité « Quel Fred êtes-vous ? » vous permettra de découvrir votre profil d'aidant, de révéler et mettre à profit vos forces et vos compétences.

En prime, le site s'accompagne d'une page Facebook : rejoignez la communauté des Fred pour échanger, trouver une écoute attentive, poser toutes vos questions et vous encourager au quotidien.

Pour plus d'informations : https://bonjourf.com

Aidons les nôtres : un forum et un site d'information

L'association met à votre disposition un site d'information sur l'accompagnement des personnes en perte d'autonomie. Vous y trouverez un forum de discussion, véritable communauté d'aidants où plus de 2 000 questions ont déjà reçu des réponses.

Pour plus d'informations : https://www.aidonslesnotres.fr

L'Étincelle invisible : le podcast dédié à l'autisme

Warda est maman d'un garçon de 8 ans. Quand l'autisme a frappé à sa porte sans invitation, comme beaucoup de parents, elle n'était pas préparée à ce tsunami émotionnel. Ce n'est que cinq ans après le diagnostic qu'elle a enfin trouvé la force de partager son expérience. Elle a choisi de le faire en réalisant un podcast nommé L'Étincelle invisible. Elle y recueille le témoignage de ses invités : des aidants familiaux, des adultes autistes, des professionnels, des enseignants spécialisés. Elle dépasse les frontières en s'intéressant à la perception de l'autisme outre-Atlantique, aux États-Unis et au Canada. Son objectif : sensibiliser le public à l'autisme avec une vision à 360° sur l'impact qu'un tel handicap a dans la vie d'une personne.

Pour plus d'informations :
https://podtail.com/fr/podcast/l-etincelle-invisible/

Les blabas d'AndyCap'tain : le podcast dédié au handicap

Ce sujet encore tabou mérite d'être décrypté. Mieux comprendre le rôle de nombreux acteurs qui composent le monde du handicap, c'est autant de chances de gagner du temps, de l'énergie et d'éviter écueils, errances, voire déceptions à toute personne brutalement propulsée dans ce nouvel univers.

Ces émissions sont de belles occasions d'écouter ces super-héros issus du monde du handicap. Chaque semaine, un nouvel épisode donne la parole à un aidant, un professionnel de santé, une association ou un entrepreneur. Tous partagent leurs astuces, leur vécu et leurs connaissances… Ces super-pouvoirs permettent aux familles concernées de vivre leur rôle d'aidant avec un peu plus de sérénité.

Pour plus d'informations : https://www.andycaptain.fr

Le Plan Aidants : le podcast qui donne la parole aux aidants

Le podcast créé par Sigrid Jaud est issu de son expérience d'aidante auprès de sa mère atteinte de la maladie de Parkinson. Son slogan : « Quand tu es aidant, tu n'as pas de plan B, tu dois t'adapter : voilà comment est né Plan A/Plan Aidants ». À chaque épisode, vous écouterez autant de témoignages qu'il existe de profils d'aidants et de situations différentes. Épisodes de vie, bons plans, hauts et bas, trucs et astuces… et surtout beaucoup d'amour à partager.

Pour plus d'informations :
https://podcast.ausha.co/plan-aidants-le-podcast-des-aidants

Aidants et bien +

Aidants et bien + est une communauté Facebook qui réunit des proches aidants actifs et positifs. Elle a été créée par de « jeunes » aidantes dynamiques aux parcours différents : Julia, Sigrid et Marina. Leur objectif : valoriser les aidants et leurs compétences. Leur constat : les aidants ont aussi plein d'autres vies et de l'énergie à revendre (parent, salarié, travailleur indépendant, bénévole, sportif, artiste, rêveur…). Ce groupe propose d'échanger des trucs et astuces, de poser des questions et de s'encourager mutuellement, de trouver des informations et actualités sur le sujet, de participer à des ateliers sur différents thèmes autour de l'aidance mais pas seulement (ateliers créatifs, échanges, bien-être, développement personnel, formation, etc.) ou de participer à des groupes de parole de manière constructive et positive.

Pour plus d'informations :
https://www.facebook.com/groups/769422623975901

Journal d'une aidante : le blog d'une aidante

Caroline a créé son blog pour partager son expérience d'aidante auprès de sa mère, ainsi que les témoignages d'autres aidants. Son but : transmettre, à travers ces histoires vécues, un regard positif sur ce parcours difficile et proposer de bonnes idées pour améliorer la vie des proches en perte d'autonomie tout en préservant celle des aidants.

Pour plus d'informations : https://www.journalduneaidante.com

Les conférences inspirantes d'Helpy

Helpy a lancé un cycle de conférences inspirantes dédiées aux aidants. Des témoins viendront régulièrement parler de leur expérience de vie : un message de soutien et d'espoir dans lequel les aidants pourront puiser des conseils et la force de continuer. Les thématiques abordées : comment dépasser la limite de l'autre pour en faire une richesse ? Comment conserver l'amour ? Comment éviter la maltraitance ? La fragilité : force ou faiblesse ? Comment voir la vie d'aidant du bon côté ?

Pour plus d'informations : https://helpy-lejeu.fr/category/blog

J'Aide : le podcast du collectif Je t'Aide

Le podcast J'Aide donne la parole aux aidants, à leur parcours, leur vécu, leur ressenti, leur identité, leur rapport aux corps (le leur et celui de l'aidé)... Autant de thématiques qui sont abordées selon le point de vue des personnes concernées.

Pour plus d'informations : https://associationjetaide.org/le-mag

Parole d'aidants : le vécu des aidants sans fard

Le journal *Le Monde* a lancé une série de podcasts qui laisse entendre le vécu des aidants. Des témoignages sans fard, émouvants et drôles, qui vous plongent parfois dans le quotidien de personnes soutenant des proches qui ne peuvent plus vivre sans un accompagnement.

Pour plus d'informations :
https://podcasts.apple.com/fr/podcast/paroles-daidants/id1482270617

La Compagnie des aidants : se former en vidéo pour acquérir de bons gestes

Il n'est pas jamais évident de savoir quoi faire pour aider concrètement son proche quand il a besoin d'une aide pour l'habillage, le déshabillage, le transfert du lit au fauteuil, le lavage des cheveux... Acquérir les bons gestes devient essentiel. Sans vouloir remplacer les professionnels chargés de s'en occuper, avoir les bases peut vraiment vous aider. Dans ce but, l'association la Compagnie des aidants a créé un parcours de formation en vidéo sur les gestes et les postures permettant de mieux accompagner votre proche, complétés par des fiches techniques et des quiz de validation autour de vingt-deux actions clés.

Pour plus d'informations : https://lacompagniedesaidants.org

Deux minutes pour mieux vivre l'autisme : de courtes vidéos pour les parents d'enfants autistes

Les parents d'un enfant autiste doivent souvent se débrouiller, voire bricoler avec les moyens du bord. Ils avancent en expérimentant des solutions, pas à pas, pour faire face à ses besoins, souvent déstabilisés par son comportement, sa façon de communiquer et d'apprendre. Pour prendre en compte leurs difficultés, ce site propose une série de deux cents vidéos d'animation de deux minutes basées sur des scénarios de vie vécus quotidiennement par les parents d'enfants autistes. Deux minutes de conseils pratiques, de gestes essentiels et concrets qui peuvent changer la vie de tous les jours.

Pour plus d'informations : https://deux-minutes-pour.org

Index

Q

R

S